Fernando

LA CAMPAÑA LIBERTADORA DE 1816

Bolívar, MacGregor, Piar

2019

Rivero-Blanco Editores

Título Original:

CAMPAÑA LIBERTADORA DE 1816: Bolívar, MacGregor, Piar

Primera Edición

Autor:	Fernando Falcón V.
Editorial	Rivero Blanco Editores
Diagramación	Alejandra Falcón Grillet
Diseño Portada y Contraportada	Alejandra Falcón Grillet
E-mail	ffalconv@gmail.com
ISBN-13:	978-1653549429

Impreso en U.S.A.

A mis hijos: Fernando, Eloísa y Alejandra.

A la Promoción "General de División Gregor MacGregor", egresada de la Academia Militar de Venezuela el 7 de julio de 1977.

"Lo verdaderamente inédito, son los escritos que nadie lee."

Ferdinand Brunetière

ÍNDICE

Contenidos	Páginas

INTRODUCCION

La Campaña de 1816 iniciada en el mes de julio y culminada con la acción militar o batalla de El Juncal, ocurrida el 27 de septiembre de 1816, es un acontecimiento de la Guerra de Independencia muy escasamente estudiado, tal y como ocurre con la mayoría de las acciones militares de época en las que no participa el Libertador Simón Bolívar. En el caso que nos ocupa la dificultad es mucho mayor pues no se conservan diarios de operaciones, instrucciones de coordinación y el Boletín en que se detalla la acción de El Juncal fue publicado trunco, refiriéndose solo a los inicios del combate.[1]

Esta última circunstancia ha dado pie a diversas interpretaciones tanto historiográficas como netamente militares, en las que predominan, por un lado las diversas concepciones de los autores y por otra los "celos bolivarianos" que intentan demostrar la inmensa superioridad del Libertador ante la escasa efectividad, pericia y profesionalismo militar del resto de los

[1] La jornada militar de El Juncal se encuentra descrita parcialmente en el Boletín Nº 7 publicado en el tomo 15 de las Memorias de O´Leary. Al final de la última página publicada, O´Leary coloca la siguiente nota: "*Hasta aquí los borradores de las operaciones de la División del Centro, llamados Diarios de Ocumare, quedando incompleto el Boletín número 7, por causas que ignoramos*". O´Leary, Daniel: *Memorias del General O´Leary*. Caracas. Ministerio de la Defensa. 1981. Tomo 15. p. 95.

próceres de la independencia.

La primera información acerca de la Batalla de El Juncal la tenemos de manos del propio Simón Bolívar quien, en el manifiesto escrito el 5 de agosto de 1817, a escasos diez meses de la batalla, presenta dicho acontecimiento, deslustrando la actuación del general de división Manuel Carlos Piar, de la forma siguiente:

> *"La División del General Gregor después de haber libertado a Barcelona se somete a sus órdenes (*las de Piar*) porque así lo exigía el orden de la milicia y porque él se jactaba de ser el primer apoyo del Gobierno. La Batalla del Juncal, casi perdida por este General, fue un terrible desengaño por aquellos alucinados soldados que creían tener el él un gran Capitán; pero su impericia y su cobardía se manifestaron allí de un modo incontestable. Ganada por el General Gregor y los otros subalternos que obraron arbitrariamente hallándose abandonados de su Jefe y sin esperanzas de salvarse, ni aún siquiera se puso a la cabeza del ejército para perseguir los restos fugitivos y el fruto de aquella victoria fue ninguno, como todas las que la fortuna le ha proporcionado"*[2]

Como es sabido, en esta especie de requisitoria, premonitoria del fin del héroe de San Félix y motivada por estrictas consideraciones de carácter político, Bolívar de trata a

---

2 Manifiesto de Bolívar a los Pueblos de Venezuela, relativo a la conducta del General Manuel Piar. Cuartel General de Guayana, 5 de agosto de 1817 en *Escritos del libertador.* Caracas. Sociedad Bolivariana de Venezuela. 1973. Tomo X p. 336.

Piar de "*traidor, fratricida, ambicioso, intruso, avaro, ingrato, estúpido, insurrecto, ladrón, cobarde, sacrílego, venal, déspota, arbitrario, cruel.*"[3], cognomentos dedicados a descalificar a un rival político y destinados a hacer el mayor daño posible a su prestigio, por lo que de entrada, deben ser vistos con toda la reserva del caso.

En 1837, Feliciano Montenegro y Colón en su obra *Geografía general para el uso de la juventud de Venezuela,* Volumen 4, apenas se refiere al hecho de armas indicando la victoria de las fuerzas patriotas en el Juncal, sin describir detalle alguno[4]

En 1840 Rafael María Baralt y Ramón Díaz, narrarían el acontecimiento de la siguiente manera:

> *"Principiaron el combate las tropas ligeras que cubrían el frente de ambos campos, y la artillería republicana que dirigió sus fuegos sobre las columnas enemigas. Una de caballería realista al mando del venezolano Alejo Mirabal, apoyada con algunos infantes que regía el capitán también venezolano Juan Meserón, maniobraba sobre la izquierda de Piar y amenazaba su retaguardia. El general republicano le opuso en persona la caballería de la izquierda y algunas compañías de infantería; pero, aunque cargó varias veces con singular denuedo a la columna enemiga, siempre fue rechazado. Duraba el*

---

[3] Falcón, Fernando: *Manuel Carlos Piar*. Caracas. Ed. Panapo.1997.

[4] Montenegro y Colón, Feliciano: *Geografía general para el uso de la juventud de Venezuela*, Volumen 4. Caracas. Imprenta Damirón. p. 225.

combate en estos términos hacía más de dos horas sin que ocurriese nada de decisivo, cuando el resto de la línea marchó sobre las tropas de Morales y las puso en completa derrota, obligándolas a retirarse en desorden sobre el pueblo de San Bernardino. Si todas ellas no fueron muertas o hechas prisioneras en aquel día, debiéronlo a la columna de la derecha, la cual, aun después de batido el cuerpo principal continuó la pelea y fue causa de que se suspendiese por algunos momentos la persecución. También dicha columna abandonó al fin el campo de batalla, y habiendo cesado absolutamente el fuego en todos los puntos recibió orden Mac-Gregor para continuar en seguimiento de los enemigos, y Piar volvió por la tarde a Barcelona"[5]

Hacia 1855 José de Austria, narraría la acción de armas casi en la misma forma que Baralt y Díaz, pero agregando detalles obtenidos, casi con seguridad, de boca de participantes en la batalla:

"Dio principio el combate por las tropas ligeras que cubrían el frente de ambas líneas y la artillería republicana, cuyos fuegos dirigía el coronel Bartolomé Salom, causo horrible estrago en los enemigos, por la rara formación de sus tropas; sin embargo, detuvo sus movimientos, porque a muchos de sus soldados los puso fuera de combate el fuego bien dirigido de las tropas

---

[5] Baralt, Rafael y Ramón Díaz: *Resumen de la Historia de Venezuela.* Brujas-París. Descleé De Brouwer. 1939. Tomo I. p.341.

ligeras realistas que mandaba el venezolano capitán Juan Meserón. Las masas de caballería, conducidas por el valiente Alejo Mirabal, también venezolano, dieron diferentes e impetuosas cargas, apoyadas por el mismo Meserón con sus cazadores sobre nuestra caballería de la izquierda, que fue envuelta experimentando bastante pérdida; en tan crudos y peligrosos choques tomó el mismo general Piar un escuadrón denominado de los Morochos, del ala derecha, y marchó con él para rehacer el combate y empeñarlo con todas la líneas de infantería y caballería; aquel escuadrón también fue envuelto, en términos que algunos de sus individuos no pudieron volver a sus filas. En ese estado, y sin esperar la vuelta del general Piar, su 2º Mac Gregor se acercó a Salom e impuesto de que sólo quedaban tres tiros a su artillería, le ordenó que los disparase y dirigiéndose a la línea de infantería la mandó marchar de frente y atacar a la bayoneta. Ejecutado este movimiento con imponderables serenidad y valor, fue desconcertado el enemigo, completamente disperso, retirándose Morales en desorden, con sólo 300 hombres, sobre el pueblo de San Bernardino"[6]

Por su parte, el historiador neogranadino José Manuel

---

[6] Austria, José de: *Bosquejo de la Historia Militar de Venezuela*. Caracas. Imp. y Librería de Carreño Hermanos.1855. Nosotros utilizamos la edición moderna de la Academia Nacional de la Historia.Caracas.1960. Tomo II .p.469.

Restrepo en su obra “Historia de la Revolución de la República de Colombia”, señala:

“El 27 de setiembre, cuando rayaba el día, dieron los independientes el toque de alarma y marcharon contra los españoles. Formóse la línea situando en el centro la infantería, y delante de esta la artillería: la caballería se colocó en las alas. La formación de Morales consistía en un triángulo de tres fuertes columnas de infantes apoyadas por los jinetes. Formados los republicanos a alguna distancia, provocaron repetidas veces a Morales, para que abandonase el bosque rodeado de malezas de muy difícil acceso, donde estaban situadas sus tropas: posición que era muy ventajosa. Mas todo fue en vano, porque la mayor parte de la caballería realista se hallaba inutilizada a causa de las dilatadas marchas, y por esto incapaz de combatir en campo raso. Los patriotas atacaron entonces la izquierda enemiga, donde una columna de caballería, regida por el Venezolano José Alejo Mirabal y apoyada por algunos infantes que dirigía el capitán Juan Meserón, venezolano también, maniobraba sobre la división de Piar y amenazaba a su retaguardia. Este combate se prolongó por más de dos horas, sin embargo de haberse opuesto a los realistas la caballería de la izquierda, gobernada en persona por el general en jefe y algunas compañías de infantería. La columna española rechazó cuantos ataques se le hicieron. Entonces toda la infantería republicana se movió, teniendo á su cabeza al general Mac-Gregor, y dio

una carga terrible a la bayoneta; al mismo tiempo la cabeza de la derecha envolvió a la izquierda enemiga. Los españoles no pudieron resistir las maniobras y cargas ejecutadas con denuedo, rapidez y sangre fría. Ayudaron sobre manera para aterrará los enemigos los cañones de artillería bien servidos, cuya metralla hacía claros adonde quiera que la dirigían. Los realistas huyeron por todas partes, dejando en el campo trescientos muertos, cuatrocientos prisioneros, quinientos fusiles, todos los equipajes y elementos militares que llevaron al campo de batalla. Aun habría sido mayor el estrago, si el capitán venezolano José Nicasio Alejo no hubiera protegido la retirada de algunos infantes con el primer escuadrón de caballería que mandaba. Este valiente llanero junto con los tenientes don Juan Meserón y don Juan Bermúdez se cubrieron de gloria en aquel día, defendiendo la causa del rey. Apenas trescientos hombres reunidos pudo salvar Morales, dirigiéndose por las montañas de San Bernardino á Clarines."[7]

En 1868, Ricardo Becerra, en su biografía del general José Tadeo Monagas y en su condición de nieto político de Carlos Soublette y secretario privado del propio Monagas, ofrecería nuevos detalles de la acción de El Juncal en los términos siguientes:

"Al rayar el día 27 de Setiembre, dieron los

---

[7] Restrepo, José Manuel: *Historia de la Revolución de la República de Colombia*. Besanzon. Imprenta de José Jacquin. 1855. Tomo segundo,pp.346-347.

independientes, ya regidos por Piar, el toque de alarma y marcharon sobre el enemigo que hallaron formado en la Salina del Juncal, en tres columnas de infantería, con frentes de medias compañías y en la forma de un triángulo. Permitíale su posición apoyarse en las malezas de un bosque de difícil acceso, y suplir así un tanto cuanto la inferioridad de su caballería. Los independientes que disponían de cuatro cañones, rompieron con ellos un vivo y certerísimo sobre las masas de Morales, en tanto que Piar hizo punto de honor mantener casi aisladamente un combate de caballería con la enemiga del ala derecha que regía Mirabal. Agotadas las municiones de cañón, siendo mui feliz el fuego de los infantes republicanos, consultaron MacGregor y Soublette al General en Jefe sobre lo que debía hacerse. "Hagan lo que quieran," fue la respuesta de Piar. MacGregor entonces, y Soublette, reorganizaron su infantería, dieron aviso á Monagas para que tuviese listos sus jinetes de la derecha, y a una, aquellos con sus bayonetas y este con sus caballos cerraron brava mente sobre los tercios españoles que no pudiendo resistir el empuje, se declararon en completa y desastrosa fuga"[8].

Hasta 1895, todas las relaciones sobre la acción militar de El Juncal describían la batalla de forma sucinta pero relatando en términos más o menos exactos lo que allí había acontecido. En esa fecha, Miguel Romero en su obra "*La primera patria en Barcelona*" incorpora una supuesta tradición, según la cual Piar había abandonado el campo de batalla al verse derrotado con el ala izquierda de su dispositivo e intentado embarcarse en

[8] Becerra, Ricardo: *El General José Tadeo Monagas*. Caracas. Imp. del Federalista. 1868 p. XII.

Barcelona, cuestión de la que habría desistido al escuchar un repique de campanas y la noticia del triunfo de las armas republicanas, traída a esa ciudad por el capitán de caballería Pedro Sifontes[9].

En 1937, Vicente Lecuna, siempre presto a defender las glorias de Bolívar, aún a costa de disminuir las de los demás próceres, afirma, basado en lo escrito por Romero y en las memorias escritas del coronel Juan José Conde, que Piar," viéndose *cortado de los suyos, dio la acción por perdida y huyó a Barcelona"*[10].

Aunque Lecuna echa en falta la parte del Boletín Nº 7, publicado por primera vez en las Memorias de O`Leary, se basa para sus afirmaciones en dos fuentes, y sólo dos, de muy dudosa procedencia. En primer lugar, la narración del coronel Juan José Conde debe tomarse con muchas reservas puesto que, a pesar de narra la batalla desde el punto de vista de los republicanos, para el momento de la batalla se encontraba condenado a servir como soldado entre las fuerzas realistas de Morales y se incorpora a los patriotas, precisamente después de la acción de El Juncal. En segundo lugar, su posición como soldado, ubicado en la columna posterior del dispositivo realista, es decir, en la masa de 300 hombres del 3er batallón del Rey, su situación en el terreno no le permitía ver lo que ocurría a los lados derecho e

---

9 Romero, Miguel: *La primera Patria en Barcelona*. Barcelona (Venezuela) Tip. Guttenberg, 1895.

10 Lecuna, Vicente*: Documentos inéditos para la Historia de Bolívar. Expedición de Los Cayos*. Segunda parte. Introducción en Boletín de la academia nacional de la Historia. Tomo XX. Nº 37. Enero-marzo de 1937. p.13.

izquierdo del dispositivo patriota, por lo que su testimonio sólo es confiable en cuanto a la situación del ejército realista en el campo de batalla y nada más.

Por otra parte, las pretendidas "tradiciones" orales citadas por Romero y no confirmadas por ninguna otra fuente, señalan como testigo de excepción al capitán Pedro Sifontes, nativo de Barcelona. Pero sucede que, para la fecha de la batalla, ese Pedro Sifontes se encontraba sirviendo en el ejército de Apure y no asciende al grado de capitán sino hasta 1824, por lo que la cita de autoridad de Romero carece absolutamente de fundamento[11].

No obstante lo anterior, la autoridad de Vicente Lecuna, en parte por la falta de una historia militar crítica en el país, termina por imponerse y a partir de allí son numerosos los historiadores que repiten la conseja del "adalid de las glorias de Bolívar" sin realizar las más mínima crítica histórica sobre las fuentes utilizadas o sobre las características generales que conlleva el análisis de un hecho de armas.

Así, historiadores no militares como Caracciolo Parra-Pérez, José Mercedes Gómez, Edgar Estévez y Tulio Arends o analistas militares como Esteban Chalbaud Cardona, Alexis López Ramírez, Gustavo Machado Guzmán y Julio César Lanz[12]

---

[11] Hoja de servicios del capitán Pedro Sifontes en Archivo General de la Nación. Sección Ilustres Próceres. Tomo LXXXVI. Folios 228-240.

[12] Parra Pérez, Caracciolo: *Mariño y la independencia de Venezuela*. Madrid. Cultura Hispánica.1954. Tomo 2.p.131; Gomez, José Mercedes: *La guerra de independencia en el Oriente*. Cumaná. Corporiente.1991. p.181; Estéves, Edgar: *Batallas de Venezuela*. Caracas. Corpográfica. 1995. p.81; López Ramírez, Alexis:

adoptan hasta el presente la versión de Lecuna, dando por supuesto la derrota del ala izquierda en la que se encontraba Piar y su posterior huida del campo de batalla y atribuyendo a MacGregor, Soublette y Monagas el verdadero triunfo en el campo de batalla.

Ahora bien, aún dado por válida la muy imaginativa versión de Vicente Lecuna y los que la siguen, quedarían sin explicar algunos elementos francamente asombrosos. ¿Cómo explicar que un general que abandona a los suyos en pleno campo de batalla, pueda luego, inmediatamente retomar el mando de esas tropas abandonadas, sin ninguna resistencia de parte de quienes supuestamente obtuvieron realmente ese triunfo? ¿Cómo explicar que un general que huye "cobardemente" del campo de batalla pueda destituir de mando a quienes no sólo derrotan al enemigo, sino que después inician la persecución por iniciativa propia? ¿Cómo explicar que, de inmediato, los oficiales y tropas participantes en esa batalla inicien una nueva campaña, ésta vez sobre Guayana, al mando directo del general que los había abandonado? y, finalmente, ¿ Cómo explicar que durante el juicio a Piar, ni el Fiscal de la causa(Soublette) ni ninguno de los jueces, seis de siete, que habían estado presentes en la batalla de El Juncal, al mando del reo, no hayan hecho mención alguna a tan deleznable hecho, en el caso de que fuera cierto? Para quienes se acogen a la versión

---

Pensamiento político y militar de Simón Bolívar en el contexto (1815-1820). Caracas. UCV. 2016(inédita); Machado Guzmán, Gustavo: *Historia gráfica de la guerra de independencia de Venezuela*. Caracas. Marvin Klein editores.1998; Lanz Castellanos, Julio: *Historias marineras y algo más*. Caracas. Rivero Blanco editores.2015 pp.207-208.

de Lecuna, estos aspectos, fundamentales para la comprensión del proceso de Independencia, son lisa y llanamente, pasados por alto.

Por otro lado, quienes no se han manifestado conformes con las interpretaciones de Lecuna y ante la falta del parte completo de la batalla, han dado distintas explicaciones al hecho de armas de El Juncal. Biógrafos de Piar como Asdrúbal González, arguyen, no sin razón, que el triunfo o la derrota en una batalla siempre se le atribuye al general que comanda, independientemente de su actuación. Otros analistas de la batalla como Fabio Lozano y Lozano , Tomás Pèrez Tenreiro, Héctor Bencomo Barrios Servio Tulio Forzán- Dagger o quien escribe este trabajo, han señalado distintas combinaciones tácticas posibles que van desde el repliegue planificado hasta la estratagema, pasando por el orden oblicuo de circunstancias, todo ello dentro de los usos militares de la época, pero todos, igualmente, dando por válido el supuesto repliegue de Piar y las tropas del sector izquierdo, en el campo de batalla.[13]

Todas estas versiones, sin embargo, tienen un punto en

---

[13] González, Asdrúbal. *Manuel Piar.* Valencia (Venezuela). Vadell Hermanos.1979.p.83; Lozano y Lozano, Fabio: *Anzóategui.* Caracas. Congreso de la República.1989 (facsímil de la edición de Bogotá de 1963) p.205; Forzán-Dagger, Servio: *Manuel Piar y la batalla del Juncal.* Boletín Cultural y geográfico. Bogotá. Vol. 7. Número 1. 1964. p. 55; Perez Tenreiro, Tomás: *Para acercarnos a Don Francisco Tomás Morales, Mariscal de campo último Capitán General en Tierra firme y a José Tomás Boves, coronel primera lanza del Rey.* Caracas. Academia Nacional de la Historia. 1994. p. 166; Bencomo Barrios, Héctor: *Manuel Piar: Estancias de una existencia provechosa.* Caracas. Bancaribe. 2006; Falcón, Fernando: *Manuel Carlos Piar.* Caracas. Ed. Panapo. 1997.

común. Se basan en diversas interpretaciones producto de la ausencia de la última parte del boletín Nº 7 en la que se narran los pormenores de la batalla, por tanto, la clarificación de ese problema debe pasar necesariamente por el hallazgo de la parte faltante, en el caso que aún existiese.

El 10 de junio de 1840, el historiador neogranadino José Manuel Restrepo escribe al general Carlos Soublette remitiéndole copia de los siete Boletines del Ejército del Centro y haciéndole algunas correcciones sobre las fechas escritas en dichos documentos.

Trece meses después el general Soublette responde dicha carta en los términos siguientes:

"La lectura de esos borradores, de los cuales uno está incompleto, me ha hecho celebrar lo que antes sentía, a saber, que no se hubiesen publicad, y no solamente me opongo a que lo borrado en el Nº 1 se considere como escrito, sino que me opongo formalmente a la publicación de todos ellos, y hago a Vd. La súplica más encarecida para que se resista a toda tentativa de publicarlos. Enhorabuena que tome Vd. los hechos y las fechas, pero de ningún modo publique Vd. El texto mío y si quiere corresponder ampliamente a esta súplica destruya Vd. Las copias que ha dejado en su poder…

PD: Antes de cerrar esta carta permítame Vd. Que insista en la súplica de que no se publiquen los boletines y que se destruya la copia. Si Vd. Me estima, espero que se preste a este empleo"[14]

De este intercambio epistolar derivan dos circunstancias de gran importancia para el problema que nos ocupa. La primera de ellas consiste en que el intercambio epistolar y los actos locucionarios derivados del mismo entre Restrepo y Soublette indican que, en efecto, uno de los boletines remitidos estaba incompleto y debido al hecho de que, efectivamente el Boletín Nº 7 lo está, se ha creído hasta ahora que se trataba de ese documento.

Por otra parte, debido a la exigencia de Soublette de que fuesen destruidas las copias de los Boletines en manos de Restrepo, hasta ahora se ha creído que efectivamente tal petición fue aceptada y que, por tanto, el historiador neogranadino no guardó copias en su archivo.

Con motivo de haber sido puesta a la disposición de los investigadores los documentos que reposaban en el Archivo Restrepo de Bogotá, mediante la apertura *on line* de los mismos, nuestras investigaciones nos permitieron localizar las copias de los boletines del Ejército del Centro, las cuales efectivamente no fueron destruidas por Restrepo, pero que se encontraban mal catalogadas en la organización del referido repositorio documental, razón por la cual no habían sido citadas hasta la

---

[14] Carta de Carlos Soublette a José Manuel Restrepo fechada en Caracas el 23 de junio de 1841, en *Carlos Soublette: Correspondencia.* Recopilación, Introducción y notas de Ligia Delgado y Magaly Burguera. Caracas. Academia Nacional de la Historia.1981. Tomo I. p.132. La carta de Restrepo a Soublette de fecha 10 de junio de 1841 aparece en el tomo III p. 253 de la misma obra.

fecha.

Allí, logramos encontrar la parte faltante del Boletín Nº 7, cuya redacción arroja nueva luz sobre lo acontecido en el campo de batalla de El Juncal y permite desvirtuar, de una vez y esperamos que para siempre, las falsas interpretaciones, consejas, leyendas y detracciones deformantes que han signado la historiografía de este hecho de armas.

Así tenemos que, la lectura del Boletín Nº 7 completo, nos describe el desarrollo integral de la batalla, lo que, al complementarlo con las otras fuentes disponibles de época, permite el análisis integral del hecho de armas. En segundo lugar, queda absolutamente clara la presencia del general Manuel Piar en el campo de batalla durante todo el desarrollo de la misma. De la lectura del Boletín se entiende que el susodicho general ejerció el comando en jefe, dio las órdenes pertinentes en cada etapa de la batalla, ordenando las evoluciones tácticas, el ataque final a la bayoneta y la persecución al ejército realista fuera del campo de batalla, lo que desmiente totalmente la versión de Vicente Lecuna.

No obstante, el hallazgo de esa fuente, de capital importancia para modificar el nivel de comprensión de ese hecho histórico, no parece suficiente para explicar los pormenores de esa campaña y los hechos de armas allí acaecidos, si no nos proponemos estudiarlos bajo el rigor de una metodología para el estudio de estos, que pueda sobrepasar las efemérides épicas y las repeticiones constantes, que flaco servicio prestan a la comprensión de nuestro propio proceso de independencia.

De la "retórica épica" al lenguaje técnico militar[15]

Se dice en los predios historiográficos venezolanos, que ya se ha escrito suficiente sobre la historia militar de la Independencia, que es necesario referirse a otros aspectos de la realidad histórica venezolana, que la profesión de historiador y la actividad historiográfica deben transcurrir por otros derroteros. Esta afirmación resultaría adecuada al atenernos al volumen de obras y artículos relativos a lo militar, la mayor parte de ellos dedicados a los fastos de la independencia.

Examinemos a título ilustrativo las siguientes muestras, extraídas de las que se suponen las batallas más estudiadas de la Historia Militar de Venezuela. Comencemos por la denominada batalla de La Victoria:

> *"Extremo encarnizamiento preside la batalla; se combate cuerpo a cuerpo; el puñal y el sable vibran ensangrentados; las bayonetas y las lanzas se chocan despidiendo relámpagos; a las veces el soldado no tiene tiempo de descargar el fusil y lo emplea como maza. Los muertos sirven de barricada a los vivos. Rugidos y lamentos se escapan de aquella aglomeración de miembros*

---

15 El presente acápite es una versión ampliada y revisada de mi ponencia "*Bicentenario de una guerra: problemas metodológicos y perspectivas de análisis*" en el marco del Simposio Internacional "Las independencias en la Región Andina" llevado a cabo en la Academia Nacional de la Historia en junio de 2011.

mutilados y lívidos que las balas golpean y destroza la metralla"[16]

Sigamos con nuestra batalla insignia, Carabobo:

"... el regimiento inglés como un volcán en erupción vomita a torrentes bocanadas de fuego. La muerte le acecha, le rodea y se ceba en sus filas: Farriar, su heroico Coronel, rinde la vida a la cabeza de la línea, pronunciando la única palabra que ha repetido durante media hora: ¡FIRMES! ...el Comandante Davy, su segundo, lo reemplaza en el mando, donde no dura largo tiempo. Un capitán ocupa el primer puesto, tras éste otro que muere también al ocuparlo, y otros más a quienes toca la misma infausta suerte."[17]

Y si creemos que se trata sólo de la retórica épica propia del romanticismo del siglo XIX veamos un ejemplo relativamente moderno, describiendo la batalla de Boyacá:

"El grueso español se apresta con la misma precipitud. Barreiro mira inquieto hacia las vanguardias trenzadas en lucha mortal y un pensamiento cargado de premoniciones cruza por su mente: ¿Por qué no pasé el río con todas mis tropas? ¿Por qué no interpuse el

---

[16] Blanco, Eduardo: *Venezuela Heroica*. Caracas. Eduven. 2000(sobre la edición de 1881).p. 37.

[17] Ibídem. p.416.

obstáculo para proteger el reposo? Estoy dividido, han partido en dos mi ejército. ¡Pronto, hay que atacar, caigamos sobre la espalda enemiga!

Las órdenes vuelan sobre la tropa exhausta que se levanta torpemente y forma en línea aletargada aún por el reposo súbitamente interrumpido. Las primeras unidades en estar dispuestas para la maniobra son el Segundo de Numancia y el Primero del Rey, sobre el ala derecha. Barreiro las impulsa al ataque, pero abajo, sobre la confluencia del camino, irrumpe el torrente del Rifles de Venezuela, seguido por la Legión Británica que, a todo correr, van tomando sobre el movimiento la formación en línea, interponiéndose resueltamente entre Santander y el avance realista que pretendió amenazar su espalda.[18]

Como diría John Keegan, "la riqueza de imágenes, el ritmo narrativo trepidante vibra en cada página, amenazando con hacer perder al lector el control del libro". [19] Dominan las metáforas heroicas buscando emocionar al lector; no obstante, esas descripciones, sin duda entusiastas, dejan muchas interrogantes abiertas desde el punto de vista netamente de la historia militar: ¿Acaso dice algo la primera de ellas sobre las unidades que allí combatieron, el armamento usado, el dispositivo de defensa de Ribas como parte de una batalla por

---

[18] Valencia Tovar, Álvaro: *El ser guerrero del Libertador*. Bogotá. Imprenta de las Fuerzas Militares. 1983. pp. 113-114.

[19]Keegan, John: *El rostro de la batalla*. Madrid, Ediciones Ejército, 1986. p.48

líneas interiores que abarcaba desde Caracas hasta Valencia? ¿La épica de Carabobo acaso dice algo la primera de ellas sobre el pasaje de línea de los Cazadores Británicos o del momento de la decisión de la carga a la bayoneta La firmeza atribuida en el tercer pasaje al Batallón Cazadores Británicos ¿ayuda al análisis de la forma en que se produjo la ruptura del dispositivo realista? Las imaginarias lamentaciones de Barreiro. ¿Ayudan a comprender como se produjo la ruptura del dispositivo realista en Boyacá? O más aún, en todos los casos citados, ¿es verosímil lo que se narra?

Estas interrogantes apuntan a algo más que una crítica a la épica de las batallas. Se trata de indagar qué fue lo que realmente pasó. La vía retórica no contribuye precisamente a ello y, en todo caso, se asumió que debía recurrirse a la crítica especializada, a los profesionales de las armas, para entender lo que pudo haber acontecido en determinado hecho de armas. Sin embargo, y por sorprendente que pudiera parecer, la situación siguió siendo la misma. La retórica de las batallas fue reemplazada por un lenguaje técnico militar anacrónico que en poco o nada favoreció la clarificación de los hechos.

Así, los especialistas militares, dado que su objetivo es la didáctica militar de las operaciones, recurrieron a la teoría militar vigente de sus respectivas épocas para analizar los hechos de armas del pasado, trayendo en consecuencia una incomprensión de éstos aun mayor que la producida por los cultores de la retórica épica. Veamos:

"Además, la ocupación de una posición sin puntos

de apoyo extremos expone al ejército a un ataque de flanco. Al cargar el enemigo violentamente sobre un ala la envuelve o arrolla con facilidad. Así, mutilado el contrario, es incapaz de maniobrar y es batido en detal. Para obtener este resultado hay dos caminos; o bien se ataca resueltamente el frente, mientras parte de la reserva cae como un bloque sobre el ala designada, ya debilitada por la lucha y la arrolla, o bien se ataca desde el principio y de firme esta ala por fuerzas superiores, mientras el resto del ejercito amenaza de frente e impide al enemigo socorrer con todas sus tropas el ala atacada."[20]

"El expediente de Taguanes, una verdadera novedad en aquel momento es hoy un recurso táctico de rutina en el empleo de la caballería mecanizada en combinación con infantería. En la segunda batalla de Carabobo (1821) empleará Bolívar nuevamente su infantería en la grupa de los caballos, durante la persecución que llevo a cabo después de su victoria sobre el ejército del Mariscal de Campo Miguel de La Torre."[21]

Como puede observarse, los parámetros tácticos de la guerra franco-prusiana, de la primera guerra mundial y de las

---

[20] Duarte Level, General Lino: *Historia Patria*. Caracas. Tipografía Americana. 1911. p. 456.

[21] Bencomo Barrios, Héctor: *Bolívar, Jefe militar*. Caracas. Cuadernos Lagoven. 1983. p. 49.

modernas normas de combate de los años 1960 y 1970, que sirven de base de análisis respectivamente a los autores citados, no sólo no aclaran el panorama acerca de lo que allí pudo haber ocurrido, sino que contribuyen en mucho a oscurecerlo.

Por lo tanto, lo primero que se ha de distinguir, a fin de realizar un análisis con toda propiedad, son las diferencias entre los distintos hechos de armas. Se trata de precisar la distinción básica entre acción, batalla y combate. Pero, una vez más, tropezaremos con el problema historiográfico. Manuel Landaeta Rosales en 1911, Vicente Dávila en 1921 y Eleazar López Contreras en 1930 establecieron, cada uno por su lado y sin criterio discriminatorio, los distintos hechos de armas acaecidos en Venezuela durante la guerra de independencia entre 1810 y 1823. Landaeta y Dávila enunciaron un total de 384 hechos de armas, distinguiendo, sin criterio técnico de respaldo, entre 340 combates, 26 batallas y 18 sitios. López Contreras, a pesar de que a lo largo de su obra *Bolívar, Conductor de tropas,* ofreció juicios disímiles a los anteriores, terminó presentando la misma lista como apéndice a su obra.

¿Cuáles fueron entonces los criterios empleados que les permitieron diferenciar los combates de las batallas y ambos de los sitios? Si utilizamos los parámetros de época, veremos que tanto en la literatura como en cualquier acto discursivo de carácter militar, el término más preponderante no es el de batalla ni el de combate sino el de acción, entendiéndose por ello "genuinamente el combate entre dos fracciones de alguna importancia, desprendida cada una de su ejército con un fin dado;

pero, por extensión, cualquier combate militar, aún a las mismas batallas"[22]. De conformidad con ello, "cuando la acción es casual entre dos pequeñas fracciones se le llama encuentro; y si se verifica entre tropas ligeras sin que ninguno de los partidos se comprometa mucho, sino que más bien intenten ambos tantearse las fuerzas y procuren uno u otro cortarse o envolverse, se llama escaramuza según el uso común, cualesquiera que sean las armas, esto es, infantería o caballería" [23] . Combate seria entonces un enfrentamiento de mayor nivel, tanto numérico como de comando, pero sin consecuencias decisivas en la conducción de la guerra o de los planes de operaciones.[24] Ahora bien, si puede considerarse como batalla el choque entre dos ejércitos enemigos, cuyo fin es la victoria de uno de los contendientes, no es menos cierto que tal definición no corresponde a los criterios técnicos de época, fundamentales desde el punto de vista historiográfico y discursivo, para tratar el tema que nos ocupa.[25]

Por batalla se entiende el conjunto de acciones escalonadas en el tiempo y coordinadas en el espacio, que, localizadas en un determinado teatro de operaciones, conducen a la consecución de un objetivo de destacada trascendencia

---

[22] Almirante, José: *Diccionario Militar.* Madrid. Imprenta del Ministerio de Guerra. 1869. Usamos la edición del Ministerio de Defensa Español de 2002. Volumen I, p. 144.

[23] Ibídem.

[24] Cabanellas, Guillermo: *Diccionario Militar: aeronáutico, naval y terrestre*. Madrid. Omeba. 1961. Tomo 1. p. 511.

[25] Falcón, Fernando: *El cadete de los Valles de Aragua: Pensamiento político y militar de la Ilustración y los conceptos de guerra y violencia política en Simón Bolívar.* Universidad Central de Venezuela. p. 218.

dentro del cuadro general del plan de guerra. [26] Las características de una batalla que la diferencian sustancialmente de un combate son las siguientes:

1. Importantes efectivos
2. Acción coordinada con la idea de superar a un enemigo a quien no cabe siempre vencerlo en una sola acción militar
3. Un escenario geográfico más o menos concreto
4. La intervención de diversas armas de combate
5. La dirección común de un jefe
6. La disputa por la victoria ya sea por aniquilamiento o desgaste
7. Unidad en el tiempo, asegurada por la continuidad de los combates[27]

No obstante, lo anterior, en Venezuela se sigue llamando batalla, desde el punto de vista historiográfico y en especial para el período de la Independencia, a casi cualquier hecho de armas ocurrido en nuestro territorio entre 1810 y 1823.

Pero, si las batallas presentan ese grado de dificultad para ser abordadas historiográficamente, los estudios de las campañas militares presentan dificultades aún mayores.

---

[26] Falcón, Fernando: ob.cit. pp. 218-219; Cabanellas, Guillermo: ob. Cit. Tomo 1. pp. 511-520, Almirante, José: ob.cit. pp. 142-148; Villamartin, Francisco: *Nociones del Arte Militar.* Madrid. Imprenta del Ministerio de Guerra. 1862. p. 372; Guibert, Jacques: *Essai general de Tactique.* Lieja. Chez Plomteux.1772. pp.415-428.

[27] Cabanellas, Guillermo: op. cit. Tomo 1 p.512.

Las Campañas militares, es decir el "conjunto de marchas y acciones ofensivas y defensivas libradas en un determinado teatro de operaciones y con una continuidad en el tiempo"[28], apenas han sido objeto de muy breves descripciones historiográficas y, en épocas recientes, se han utilizado los documentos militares disponibles para glosar esas representaciones, sin atender, en la gran mayoría de los casos a los criterios técnico militares que determinan, precisamente, tanto la extensión de los teatros de operaciones como la continuidad en el tiempo, elementos básicos para el concepto mismo de lo que es una campaña.

Así, por ejemplo, se ha incluido en una sola campaña el recorrido de Bolívar desde el puesto fluvial de Barrancas en el río Magdalena hasta la ciudad de Caracas, sin entrar en consideraciones básicas de objetivos estratégicos, espacio y tiempo[29] o, las actuaciones de Páez entre 1816 y 1819 han sido vistas como una serie de actuaciones aisladas sin orden ni concierto, en las que predomina la astucia llanera contra el invasor español.

Pero no se crea que se trate de un rasgo propio de la literatura histórica sobre la emancipación. Salvo algunas notables excepciones, como la Revolución Libertadora de 1901-03[30], la

---

[28] Ibídem. p. 677.
[29] Para un ejemplo de esta concepción véase Lecuna, Vicente: *Crónica razonada de las guerras de Bolívar.* New York. Colonial Press. 1953 y Bencomo Barrios, Héctor: *Bolívar, jefe militar.* Caracas. Cuadernos Lagoven. 1983.
[30] Porras Pérez, José: *Análisis histórico militar de la batalla de la victoria de 1902.* Tesis de maestría en Historia de Venezuela. Caracas. UCAB. 2011 (inédita).

gran mayoría de las campañas de nuestras contiendas civiles apenas si son someramente descritas, ni que decir de las campañas contra guerrilleras llevadas a cabo como respuesta a la agresión cubana entre 1963 y 1968[31]

De manera que creemos necesario, plantear algunos elementos metodológicos que sean de utilidad para el análisis de campañas y batallas desde la perspectiva de la historia militar.

Así las cosas, la descripción y análisis de los hechos de armas conocidos como campañas y batallas deben tomar en cuenta la existencia o la falta de cada uno de estos elementos. Este tipo de consideraciones, brillan por su ausencia en la historia militar venezolana. Esto se debe, no solo a las razones anteriormente señaladas sino a la falta de compulsa entre tres elementos fundamentales en el análisis de los hechos de armas: la necesaria relación entre el pensamiento y los usos militares de época, los documentos escritos sobre y alrededor de determinado hecho de armas y el análisis del terreno donde sucedieron los hechos.

El primer elemento para considerar reside en el pensamiento militar de época. A pesar de lo obvio que tal circunstancia pudiera parecer, no es menos cierto que las descripciones y análisis de los hechos de armas, se alejan más de la realidad teórica disponible a los actores, en la medida en que se realizan relaciones historiográficas cada vez más nuevas, es decir, mientras más moderno sea el escritor que trata con

---

[31] Sobre este particular y como ejemplo paradigmático véase Biaggini, Juan (Comp.): *Los 5 de línea.* Caracas. CGE. 1981.

determinado hecho de armas, más cerca está de incluir anacronismos de carácter militar cuando se trata de abordar el análisis del pensamiento militar que condujo a determinado hecho de armas. Así, cualquier batalla de la independencia venezolana, Carabobo o Boyacá, por ejemplo, es analizada a la luz de los principios de la guerra propuestos por Clausewitz en 1831 vigentes en el día de hoy y utilizados por los ejércitos occidentales a partir de 1927[32]. Por tanto, saber cómo fueron pensados y emitidos esos presupuestos tácticos, órdenes y disposiciones de conformidad con el paradigma teórico vigente para la época es básico para nuestro propósito.

Desde una óptica netamente militar, las lecturas en boga durante el período 1770-1830, que ocupa nuestro interés, pertenecen al movimiento militar de transformación en el Arte de la Guerra a consecuencia de las victorias de Federico II. En efecto, se tiene evidencia de las lecturas militares tanto de Bolívar, como Sucre, Mariño y otros próceres en la línea innovadora que, partiendo del método experimental de Raimondo Montecuccoli, conecta directamente con Federico II a través de Maurice de Saxe y por esa vía a Lloyd y Guibert, es decir la escuela renovadora que sería la base de la Táctica de los

[32] Como ejemplo de lo que afirmamos véanse los siguientes casos paradigmáticos: Vicente Lecuna usa para sus análisis la edición francesa de Karl Von Clausewitz: *Theorie de la Grande Guerre*, edición de 1887-88 y publicada por primera vez en alemán en 1831. Carlos Soto Tamayo en su obra Estudio *Histórico militar de la Campaña de Carabobo*. Caracas. Ed. Chimaras. 1983 y Héctor Bencomo: *Bolívar, Jefe militar*...ob. cit, utilizan para su análisis los principios de la guerra y los procedimientos tácticos del combate de infantería vigentes para la década comprendida entre 1960 y 1980.

ejércitos de la Revolución, en las guerras llevadas a cabo por Napoleón y de las acciones militares de la Guerra de Independencia en América, a despecho de lo sostenido hasta ahora por la historiografía tradicional[33].La mayoría de las lecturas sobre arte militar en el período no están disponibles o son muy poco usadas por tanto por académicos como por militares contemporáneos. En general, en Venezuela, es éste un tema que, prácticamente, no ha sido abordado por los investigadores, ni siquiera por los que hacen de la guerra su oficio. La posibilidad de reconstrucción, aunque factible resulta ardua.

Partimos de que la base para la explicación de una idea político militar, expresada en actos tales como las operaciones militares y su expresión clásica por antonomasia, la batalla está en relación directa con el contexto en que la misma se produce.

Esta concepción, representada en el campo de la teoría y por la llamada Escuela de la *New History*,[34] está centrada

---

[33] Hemos utilizado el sugerente texto de Manuel Pérez Vila: *La formación intelectual del Libertador.* Ministerio de educación. Caracas. 1979. Tenemos evidencia de las lecturas de próceres coetáneos. Para mayores detalles véase nuestros trabajos *La baraja marcada: Sucre como estratega.* Memoria del Séptimo Congreso Venezolano de Historia. Academia Nacional de la Historia. Caracas. 1997 y *El Profeta armado: la actuación militar del Precursor* en Bolivarium. USB. Caracas. 2006.

[34] Sobre el particular, véase Quentin Skinner: *Vision of Politics: Regarding Method.* Cambrigde. Cambrigde University Press. 2002 (hay traducción castellana con el nombre de *Lenguaje Política e Historia.* Quilmes. Universidad de Quilmes. 2006) y John Pocock: *Political Thought and History: Essays on Theory and Method.* Cambrigde University Press. 2009. En el campo estrictamente histórico militar, la utilización de esta metodología para el estudio de campañas y batallas se encuentra explícitamente expresada y utilizada en las obras de

ya no en el estudio de los textos, sino en recuperar el significado que tuvieron las ideas, y en el campo militar los procedimientos, tácticas, planes estratégicos y procesos logísticos para quienes las emitieron y recibieron y en la reconstrucción de lo que efectivamente quería comunicar y que los demás entendieran.

Se trata a grandes rasgos, de analizar el contexto tanto social, como ideológico en el que se producen determinadas formas de pensamiento militar y profundizar en los textos dentro del conjunto de significados lingüísticos existentes para la época. Esto llevaría a reconstruir la intención primigenia de los autores de narraciones de época, partes de batalla, documentos oficiales, manuales tácticos y cartas particulares "limitando el ámbito de las descripciones en cualquier texto a aquellos que el autor en principio hubiese estado dispuesto a admitir"[35].

Nos resulta sumamente claro entender que tal tipo de mensaje que una determinada audiencia pudiera esperar de las distintas clases de textos políticos vigentes para la época, pero para la comprensión exacta del significado histórico del pensamiento de un autor, harían falta además, tanto la descripción y análisis de las discusiones teóricas en boga, como la reconstrucción de las intenciones de los respectivos autores al expresar tal o cual idea en determinado texto o documento.[36]

Fernando Falcón, José Raimundo Porras y Gonzalo Pulido Ramírez (citadas).

[35] Quentin Skinner: *Lenguaje, política e historia*. Buenos Aires. Universidad de Quilmes.2005. pp.165-185.

[36] John Dunn: *The identity of the History of Ideas*, en *Philosophy*, 43. 1968. pp. 158-173.

Tal reconstrucción de intenciones supondría dos operaciones de carácter metodológico. En primer lugar, prescindir del significado que determinada idea pudiese tener hoy para nosotros, haciendo abstracción de cualquier relevancia posterior que pudiésemos inferir y, en segundo lugar, conocer la gama de conceptos y convenciones lingüísticas militares disponibles tanto para el autor, como para los receptores de determinado texto político para el momento de su elaboración. Este último abordaje permitiría captar la intencionalidad de los autores, no solo desde la perspectiva de los efectos que se quieren lograr, sino también en concordancia con lo que la realización lingüística retórica implica como acto de habla o de palabra, en especial en el campo militar.[37]

Por otra parte, esa concepción ha dado lugar a una nueva interpretación de la historia de las batallas, radicalmente distinta a las planteadas con anterioridad en otra parte de este proyecto. Se trata del abordaje historiográfico de la batalla desde una prospectiva privilegiada, pero abandonando aspectos épicos o de formación netamente castrense. Si bien, los objetos de estudio de la Historia Militar han sido múltiples, desde el estudio de las distintas armas, pasando por el estudio del ejército como institución, de la estrategia o de la táctica hasta llegar al estudio de los mandos y de determinados generales.

---

[37] Seguimos de cerca los conceptos emitidos por John Austin en su obra: *¿Cómo se hacen las cosas con palabras?* Edit. Sudamericana. Buenos Aires. 1980. Véase también Luis Castro Leiva: *Las paradojas de las revoluciones americanas*. Barcelona, RICS, marzo. 1989. p 68.

Se trata no solo de estudiar las batallas como una interacción entre las decisiones de los jefes militares rivales o de sus estados mayores que confluyen a la decisión final en el campo de batalla. Se trata, igualmente de incorporar en la medida de lo posible las emociones de los combatientes como parte ineludible del análisis final del hecho de armas. Cuando se dispone de algunos materiales, como cartas, diarios personales, memorias de los generales o partes de los estados mayores, el tratamiento de los hechos de armas debe incorpora las visiones de los participantes de la batalla en cada una de las posiciones o misiones que le fueron asignadas. No es igual la visión de conjunto del general, que la del jefe de un batallón o la de un joven oficial que toma parte en la batalla como pieza de un sólido engranaje. Por ello, el historiador debe aprender a entender la batalla a la luz de lo que todos los participantes sintieron que fue y no siguiendo las percepciones de unos pocos[38]. Solo de esta forma podemos escapar de la batalla épica o mistificada. Se trata, entonces, de dar importancia historiográfica no solo al resultado final, ni a sus consecuencias, sino también a la experiencia vital de los que participaron en el hecho de armas.

Por tanto, esa experiencia está señalada en primera instancia por las relaciones documentales oficiales de la batalla. Se trata, en primer término, de los documentos que sirven de base a cualquier narración militar de un hecho de armas, esto es los partes de batalla. Sobre este tipo de documentos caben dos

---

[38] Keegan, John: ob.cit. 43-46.

tipos de consideraciones. Primero, que se trata de una manera institucionalizada de decir algo, reglamentada o realizada conforme a hechos y costumbres. Para la época, y en nuestro país, ambos contendientes, patriotas y realistas utilizaban el mismo procedimiento para elaborar los partes de combate. En efecto desde 1815, tanto en el ejército republicano como en el realista se utilizaban los clásicos *Manual de los Ayudantes Generales y Adjuntos empleados en los Estados Mayores Divisionarios de los Ejércitos*[39] *y Manual General del Servicio de los Estados Mayores Generales y Divisionarios en los Ejércitos*[40], obras del Mayor General Barón de Thiebault[41]. Allí se señalan los procedimientos para la redacción de los partes, tanto en materia de estilo como de contenido discursivo, planteándose no solo el que decir sino también el cómo hacerlo[42].

Existen también otros documentos de importancia capital desde el punto de vista discursivo para quien pretende historiar una campaña o batalla. Las órdenes de operaciones, diarios de

---

[39] Usamos la edición de la Comisión Nacional del Bicentenario del gran Mariscal Sucre. Caracas. 1996, la cual es una reproducción facsimilar de la traducción llevada a cabo por el Capitán Liborio Mejías en 1815 e impresa en Bogotá por C. B. Espinosa.

[40] Usamos la edición del Ministerio Defensa de Venezuela, Caracas. 1973, la cual es una reproducción facsimilar de la de Madrid de 1818, impresa por Miguel de Burgos.

[41] Sobre el Barón de Thiebault, véase el excelente estudio de Tomas Pérez Tenreiro en *Para elogio y Memoria.* Caracas. ANH, 1991. Sobre el uso de ambos Manuales véase el trabajo de Carlos Pérez Jurado: *Notas para el estudio de los Estados Mayores Generales, Divisionarios y Departamentales en el Ejército patriota 1810-1830*, en Boletín de la Academia Nacional de la Historia número 321. Caracas. 1998, enero-febrero-marzo de 1998.

[42] Thiebault, Barón de: *Manual de Ayudantes...*pp. 52-53.

operaciones, boletines militares, diarios militares, hojas de servicio y estados de fuerza, si bien proporcionan abundante información sobre acontecimientos relacionados en forma directa con el hecho de armas, están redactados siguiendo pautas organizativas señaladas jerárquicamente, en manuales o reglamentos militares, por lo que la información allí disponible está redactada de determinada manera y solo de ella, no dando cabida a ninguna valoración o información distinta al objeto señalado en esa documentación.

La segunda consideración a ser tomada en cuenta está relacionada con la naturaleza de los actos discursivos por sí mismos. Todo acto discursivo, en este caso los actos discursivos escritos tienen dentro de sí mismos tres tipos distintos de significados. La locución implica determinada aserción para nombrar, definir o establecer algo[43]. Si esto es así, entonces, no se trata solo de buscar en dichos documentos los fundamentos históricos de determinado hecho en función del valor intrínseco del documento, sino también, examinar los actos de habla presentes. Dicho de otra forma, es el análisis de la convencionalidad del lenguaje utilizado en esos documentos, lo que permite la historicidad de ese discurso, más allá del valor del documento histórico. Se trata de identificar, hasta donde sea posible, intenciones y efectos, en función de las convenciones lingüísticas, tanto de época como militares, entendidas estas como experiencia traída y llevada que preservan modelos tanto

---

[43] John Austin: *¿Cómo se hacen las cosas con palabras?* ob. cit….pp.138-165.

de hacer como decir, de recibir y de responder a través de actos discursivos[44]

A este abordaje metodológico debe sumarse, para ser consecuente con lo planteado con anterioridad, el análisis militar del hecho de armas tomando en cuenta el terreno en que se desarrollaron los acontecimientos.

A diferencia de otras ramas de la historiografía, la historia militar tiene disponible, una vez finalizado el hecho de armas, el teatro de los acontecimientos. Aunque el paisaje geográfico pueda ser intervenido por el hombre, se mantiene más o menos constante. Las colinas, ríos, quebradas, zanjones, abras y otros accidentes geográficos permanecen allí. Esto permite al historiador militar, conocedor del pensamiento, la organización y la táctica militares, contrastarlas en el terreno en función de la narración de los hechos[45].

En este sentido el análisis militar de hecho de armas debe contener los siguientes parámetros:

- Planes de acción de ambos beligerantes con sus orígenes y fundamentos estratégicos, tácticos y doctrinarios
- Distribución de las fuerzas en el espacio. Esto implica el análisis del área de operaciones y la selección de

---

[44] Luis Castro Leiva: *Intenciones y efectos de la acción y lingüística*, en Video Forum 9. 2do semestre 1997 p.33.
[45] Ornstein, Leopoldo: *El Estudio de la Historia Militar: bases para una metodología*. Buenos Aires. Círculo Militar.1957. pp. 253-260.

objetivos en el terreno

- Utilización del tiempo y el espacio en el área de operaciones, movilidad de los medios militares y las características del terreno, tanto fisiográficas como de vegetación
- Movimientos de tropas y maniobras para poner en ejecución la parte operativa militar. Implica el análisis de órdenes y directivas impartidas, mediadas de exploración, espionaje, reconocimiento, seguridad y enlace
- Fase de movimiento hacia el contacto. Desplazamiento desde la zona de concentración hasta el área de batalla.
- Reconocimientos previos. Proceso de adopción del dispositivo de combate y formas de maniobra
- Fase de ataque. Descripción de los desplazamientos de cada una de las unidades empeñadas. Relación entre las unidades militares, su tipo y el terreno en que se desplazan
- Fase de explotación. Desarticulación del dispositivo de ambos adversarios. Rendición o fraccionamiento de unidades
- Fase de persecución, reorganización del dispositivo y consolidación del terreno.

Existe, además, un nuevo elemento incorporado por la *New Military History*, no solo pertinente a los propósitos de quien describe o analiza el hecho de armas, sino también para la valoración de las fuentes testimoniales en dicho análisis. Más allá de que cada testimonio, hecho a determinada distancia cronológica de la batalla, sea en sí mismo un acto discursivo del cual debemos desentrañar su significado y recuperar las intenciones de quien lo emite[46], existen algunas consideraciones de interés que deben ser tomadas en cuenta por quien describe el hecho de armas, basándose en la documentación dejada por testigos.

En primer lugar, debemos tomar en cuenta lo que John Keegan llama el ángulo de visión personal del testigo[47]. Se trata tanto de su ubicación jerárquica dentro de la organización militar, lo que le da determinado caudal de información como de la situación espacial en el terreno. Ambas consideraciones modifican sustancialmente el relato de los hechos debido a que la perspectiva tanto jerárquica como espacial puede llegar a dar puntos de vista y relatos distintos sobre determinado hecho acaecido en la batalla. En una batalla de época, "la mayoría de los participantes, aun oficiales jefes o subalternos permanecía en densas formaciones en columna, incluso cuando sus propios compañeros del frente de la formación intercambiaban disparos con el enemigo"[48]. A esto debe sumársele la escasa visión producto de las nubes producidas por el humo de la pólvora, lo que no solo limitaba aún más la visibilidad natural sino que le añadía una visión deformada de los de por si dificultosos

---

[46] Quentin Skinner: *Significado y Comprensión en la Historia de las ideas,* en Skinner, Quentin: *Lenguaje Política e Historia,* edición citada, pp.109-164.

[47] John Keegan: *El rostro de la batalla…*ob.cit. p. 146 y sig.

[48] Ibídem. p. 147.

accidentes del terreno[49]. No obstante, lo anterior, es posible que algunos combatientes hayan captado claramente ciertos episodios y aun identificar personalidades y unidades tácticas con mucho más claridad de lo que se cree.

Estas consideraciones permiten no solo evaluar el relato de determinado testigo o participante del hecho de armas sino también y sobre todo, evaluar lo que no vio, lo que nos facilita eliminar cualquier visión distorsionada de los acontecimientos.

Otro factor de importancia para la evaluación efectiva de las declaraciones o relatos de testigos durante el desarrollo de una batalla consiste en determinar la posesión de determinada información previa en manos de algunos actores de posición significativa ya sea de mando, enlace o posición espacial privilegiada. Por ejemplo, los colores de identificación de una unidad enemiga o sus señales o insignias pudiesen haber cambiado para el momento de la batalla, pero la información en manos de determinado testigo puede inducirlo a confusiones respecto a la identificación del adversario con las consabidas dificultades interpretativas al momento de compulsar su narración con la documentación existente acerca de ese hecho de armas.

El segundo factor de análisis a considerar tiene que ver con las circunstancias físicas de la batalla. No se trata del análisis del terreno, anteriormente descrito. Se trata de las

---

49 Rothemberg, Günter: *The Art of warfare in the Age of Napoleon.* Bloomington. Indiana University Press. 1980. pp. 67-7

circunstancias de orden material que dificultan no solo el desempeño del combatiente en batalla sino también la calidad y precisión de su narración. Antes del desarrollo del transporte mecanizado los soldados llegaban generalmente cansados a la batalla ya que tenían que desplazarse hasta el teatro de los acontecimientos durante distancias relativamente considerables bajo el peso de sus armas y equipos. Generalmente dormían a campo raso la noche anterior y dado que el movimiento hacia el contacto con el enemigo se llevaba a cabo desde tempranas horas de la mañana, lo más probable es que marchasen sin comer. A estas consideraciones debemos añadir las inclemencias del clima, bien sea en época lluviosa lo que dificultaba no solo el desplazamiento sino también el descanso y la comida sino también el calor extremo que afectaba sensiblemente la capacidad de combate.

Es, pues, la reconstrucción de los hechos de armas la labor fundamental de quienes hacen historia militar, en especial en épocas bicentenarias tan confusas y convulsas por la entrada de un tipo de historiografía que, en nombre de lo "popular", se cree con derecho a deformar la Historia, de lo cual no escapa esta especialidad. La solución al problema es lisa y llana. Se trata de intentar hacer Historia Militar en serio. Este trabajo es un intento de llevar a cabo esta tarea.

Tomando en consideración tanto los antecedentes como los problemas metodológicos señalados, me he planteado como objetivo del presente trabajo, describir y analizar, la campaña de 1816 y la batalla de El Juncal, utilizando la metodología de análisis histórico militar en base a la documentación hallada en archivos e inédita hasta el presente, con el fin de contribuir a modificar tanto el actual estado del arte como su nivel de comprensión.

Para el logro de esta pretensión he desarrollado el trabajo en tres partes: En la primera se describe y analiza la campaña de 1816, desde el desembarco de Simón Bolívar en Ocumare hasta la ocupación de la ciudad de Barcelona. En la segunda parte se analizará detalladamente la batalla de El Juncal, utilizando el método para el estudio de campañas y batallas que propuse en la ponencia "Bicentenario de una guerra: problemas metodológicos y perspectivas de análisis" en el marco del Simposio Internacional "Las independencias en la Región Andina" llevado a cabo en la Academia Nacional de la Historia en junio de 2011. En la tercera parte se describirán los elementos de base para una historia de la logística de esa campaña con el fin de contribuir a la reconstrucción de una Historia Logística de la Guerra de Independencia.

Finalmente, debo expresar aquí mi agradecimiento y reconocimiento a las personas e instituciones que coadyuvaron a la realización de este esfuerzo. La Universidad Central de Venezuela, mi casa desde 1980, como estudiante, profesor e investigador, me ha conferido el ambiente intelectual adecuado para la investigación exhaustiva y la reflexión académica, tanto desde mi posición como profesor en la Escuela de Estudios Políticos y Administrativos, como en mi desempeño como Coordinador de los Doctorados en Ciencias Políticas y muy recientemente, también en el de Historia. La Real Academia

Española de la Historia y el Archivo Restrepo de Bogotá, al colocar sus colecciones en sus respectivas páginas web a disposición de los investigadores, marcaron un hito que me permitió no sólo superar las tremendas dificultades por las que transita actualmente la universidad venezolana, sino también, me permitió el descubrimiento de fuentes y documentos inéditos que jalonan de manera decisiva el recorrido del presente trabajo.

Inés Quintero, Carole Leal Curiel, Gustavo Vaamonde, mi esposa Keila Grillet, Luis Daniel Perrone, Julio César Fernández y Rosa María Pérez colegas, contertulios y extraordinarios amigos, contribuyeron con su estímulo, observaciones y aportes y fueron un apoyo decisivo para la realización de esta obra. Mis distinguidos amigos Bayardo Ramírez, Carlos Martín La Riva, Nicomedes Febres, Alfredo Schael y muy especialmente mi hermano Ramón Rivero Blanco se constituyeron en guías, jueces y compañeros de viaje con sus comentarios y sugerencias. Los médicos cirujanos, doctores, politólogos e historiadores Jesús Rodríguez Ramírez, Gustavo Villasmil y Daniel Sánchez me ayudaron a desentrañar el contenido y usos de las cajas de medicina de combate en las primeras décadas del siglo XIX. De igual manera, mi agradecimiento a los extraordinarios colegas militares, coroneles de infantería Gustavo Fuenmayor y Antonio Guevara Fernández, quienes con sus observaciones tácticas y su profundo conocimiento de la Historia Militar de Venezuela, me hicieron disfrutar de sus intercambios epistolares y personales. Mis asistentes de investigación Luisana Noriega, Oriana Franchesqui, Daniela Cabello Mayz y Ángela Núñez fueron un apoyo imprescindible. Mi hija, Alejandra Falcón realizó los croquis y dibujos que forman parte de la explicación de la campaña y la batalla. A todos ellos, como diría Gustavo Cerati, ¡¡¡Gracias Totales!!!.

CAPITULO 1

LA INVASION POR OCUMARE

Una vez tomada en Carúpano la decisión de cambiar el teatro de la guerra debido a consideraciones de carácter estratégico y logístico y a la paralización de las operaciones en el oriente del país, el general Simón Bolívar decide efectuar un desembarco por la costa de la provincia de Caracas.

A tales efectos selecciona el puerto de Ocumare de la Costa para efectuar el mismo y utilizarlo como base de operaciones, debido a la equidistancia de ese lugar con las ciudades de Caracas y Valencia y el acceso a los valles de Aragua, rico en recursos y con una población supuestamente afecta a las ideas republicanas, por haber sido ese el teatro principal de la guerra durante los años 1813 y 1814.

El desembarco en Ocumare se efectúa el día 6 de julio de 1816, después de una muy breve resistencia de la escasa guarnición realista que allí se encontraba. Una vez consolidado el desembarco, comienza la organización de las fuerzas patriotas en Ocumare y sus alrededores. Se comisiona al teniente coronel Francisco Piñango dirigirse con el cuadro del batallón *Barlovento*, bajo su mando, dirigirse a Choroní y completar su batallón mediante la r ecluta de habitantes de la zona. Igualmente, se le ordena al coronel Carlos Soublette, Mayor General del Ejército, al mando de 400 hombres integrados por los batallones *Girardot*, *Cazadores* y *Libertador de Güiria* y 30 *Dragones* dirigirse por el camino que sale de Ocumare de la Costa a Mariara y apoderarse de la antigua posición fortificada de La Cabrera[50].

---

[50] Rafael María Baralt asigna 300 hombres al contingente de Soublette, mientras Vicente Lecuna hace subir el número a 570. La comunicación de Bolívar a Soublette del 11 de junio señala la presencia en la fuerza de Soublette de los batallones *Cazadores, Girardot y Guiria*, los cuales de conformidad con el estado de Fuerza fechado en Carúpano el 27 de junio montaban a 104, 135 y 173 hombres respectivamente, a lo que habría que añadir los 30 Dragones que hacían la descubierta. Eso hace un total teórico de 430 hombres. De igual manera, en las hojas de servicio de Francisco de Paula Vélez y de Justo Briceño, comandantes respectivamente de los batallones *Girardot* y *Cazadores* se encuentra anotada esa circunstancia, al igual que en la de Francisco de Paula Alcántara, comandante de los Dragones. Véanse Baralt, Rafael y Ramón Díaz: *Resumen de la Historia de Venezuela*. Brujas-París. Descleé De Brouwer. 1939. Tomo Primero.p. 327; Lecuna, Vicente: *Documentos inéditos para la Historia de Bolívar. Expedición de Los Cayos*. Segunda parte. Introducción en Boletín de la Academia Nacional de la Historia. Tomo Xx. Nº 37. Enero-marzo de 1937. p.13; Comunicación de Simón Bolívar a Carlos Soublette del 11 de junio de 1816 en *Escritos del Libertador*. Caracas. Sociedad Bolivariana de Venezuela.1973. Tomo IX. p.331; Ejército Libertador: *Estado de la fuerza efectiva de los batallones que lo componen, nombres de los Comandantes, su armamento y municiones fechado en Carúpano el 27 de junio de 1816*, en Yanes, Francisco Javier: Historia de la Provincia de Cumaná. Caracas. Ministerio de Educación. p. 193; *Relación Documentada y jurada de los servicios del general de División Justo Briceño*, en Archivo General de la Nación: *Vida y papeles de Justo Briceño*. Caracas. Gráficas Continente 1970; Vélez, Francisco de Paula: *Rasgos de la vida pública del General Francisco de Paula Vélez.* Bogotá. Imprenta de la Nación. 1859. pp.34. Ahora bien, la comunicación de Bolívar a Soublette del 9 de julio de 1816 a las 9 de la mañana señala: "*El Coronel Landaeta marcha a incorporarse en esa División llevando algunos piquetes que quedaban aquí pertenecientes a esos Batallones, todos los oficiales sueltos, los cuerpos de caballería, y cartuchos de fusil*", lo que implica que es solo el día 9 que los batallones con los que contaba Soublette fueron completados para sumar una fuerza total de 430 hombres, cifra con la que no contaba al

Al amanecer del día 7, las fuerzas de Soublette descienden a Maracay y en horas de la tarde sorprenden y dispersan una compañía de *Húsares de Fernando VII* ocupando la población sin mayor resistencia. En este punto, Soublette obtiene noticias de la presencia en Valencia del Brigadier Francisco Tomás Morales, quien había entrado a esa ciudad el mismo día del desembarco en Ocumare conduciendo 500 hombres, aunque las informaciones recibidas aumentaban ese número de forma exagerada.[51]

Ruinas del Fortín de Ocumare de La Costa. Agosto de 2019.

---

inicio de la operación. Por tales razones nos acogemos a la cifra de 300 hombres, dada por Baralt y ratificada asimismo por O´Leary y Soublette.

[51] La información recibida por Soublette, de conformidad con la carta de Bolívar a Arismendi del 21 de agosto de 1816, hacía ascender el número de tropas realistas hasta la muy exagerada cifra de siete mil hombres. Véanse: Carta de Bolívar a Arismendi del 21 de Agosto de 1816 en *Escritos*: loc. cit. p. 335.

De resultas de esas informaciones y tras haber apreciado la situación, Soublette decide retroceder sobre Mariara y ubicarse en el sitio de Las Piedras, al pie de la serranía que conduce a Ocumare. Dado que la misión de Soublette no tenía un propósito específico desde el punto de vista táctico ya que" ocupar los valles de Aragua" con una fuerza de esa magnitud resulta una orden vaga e imprecisa y considerando que una fuerza de vanguardia debe estar sostenida por una fuerza de enlace que le impida perder la línea de comunicaciones con su base de operaciones y ésta no existía la decisión de Soublette buscaba evitar, precisamente ser tomado por la espalda y ver cortada su línea de comunicaciones y por tanto ser destruido en cualquier momento[52].

Encontrándose en ese sitio, notifica a Bolívar de las circunstancias de su movimiento y recibe una comunicación del Libertador en que le decía:

"Después de haber pensado largo tiempo sobre la situación del enemigo, su escasez de soldados, su timidez, y el

---

[52] Lecuna critica esa operación señalando que si Soublette hubiese atacado de inmediato hubiese podido destruir la fuerza de Morales, cuya vanguardia compuesta de 300 hombres ya iba en camino buscando a Soublette. Para ello se apoya en la comunicación de Bolívar de fecha 10 de julio, en la cual Bolívar, desde Ocumare y sin conocer la llegada de Morales a Valencia, le indica que ocupe" todos los Valles de Aragua hasta El Consejo". La otra crítica de Lecuna es que Soublette era nulo como militar. Aunque no sabemos que entendía por "militar" el ingeniero Lecuna, creemos que Bolívar, teniendo disponibles una serie de oficiales superiores para llevar a cabo esa misión, haya escogido precisamente al Mayor General que, por ordenanzas y doctrina militares era precisamente el responsable de organizar el desembarco. Así pues, resulta Bolívar el verdadero responsable.

estado desesperado en que se halla, todo me convence que el movimiento retrógrado de V.S. nos ha hecho infinito daño, y que sólo puede repararse esta pérdida con operaciones muy audaces y aceleradas... V.S., marchando rápidamente, buscará al enemigo donde quiera que esté, se apoderará de todos los Valles de Aragua hasta el Consejo... Yo sé a punto fijo el número de tropas que tienen los españoles en Caracas, La Guaira, Puerto Cabello y Valencia; todos estos cuerpos pueden ser destruidos por el que V.S. manda[53]

Fortín de La Cabrera. Agosto de 2019.

Sin embargo, Bolívar no podía saber de ninguna manera, pues no contaba en la zona con servicios de información eficientes, que el mismo día del desembarco, el brigadier Francisco Tomás Morales había arribado a Valencia, procedente

[53] Bolívar a Soublette 10 de julio de 1816...en *Escritos*... IX.p. 329.

de Cartagena, al mando de 500 hombres[54].

El día 7 de julio llegó a Valencia la noticia del desembarco. Morales empleó dos días en reorganizar y equipar sus fuerzas. Previendo un posible ataque a Puerto Cabello, que contaba con una escasa guarnición, Morales, en compañía del Gobernador Militar de Valencia y comandante del Regimiento de la Unión, Juan Francisco Mendivil dispusieron enviar a esta plaza al Mayor de ese cuerpo, teniente coronel Manuel Bausá con 300 hombres, con instrucciones de reunirse inmediatamente con las tropas al mando de Morales en caso de que no existiese amenazas en ese sector.

Morales, el día 9 emprende la marcha sobre Mariara con dos compañías del batallón 3º del Rey, otras dos del Unión, una de milicias de Blancos de Valencia y una de milicias de San Joaquín, recogida en el camino hacia Mariara para un total de 500 hombres. Al mismo tiempo el teniente coronel Manuel Bausá

---

[54] Lecuna le da a Morales sólo 300 hombres, pero en la Relación de sus campañas el propio Morales señala que contaba con 500, a lo que habría que añadir la Compañía de Granaderos de Unión, de 110 plazas que se encontraba allí más los 300 hombres del batallón de Blancos de Valencia y el escuadrón de Húsares de Fernando VII dispersado en Maracay y reagrupado en Cagua, lo que coloca los efectivos realistas alrededor del millar, cifra ésta muy superior a la que disponía Soublette. Esta cifra es ratificada por la carta del capitán Richard Chamberlain a su padre de fecha 30 de septiembre de 1816, donde, narrando el combate de Los Aguacates, cifra las tropas de Morales en 1200 hombres. Véase Carta citada en Archivo Restrepo ahrestrepo_f1_v26_pza6. Cfr. con Lecuna: Documentos inéditos...Ob cit. p. 15; Hoja de Servicios del Mariscal de campo Francisco Tomás Morales en Pérez Tenreiro, Tomás: Para acercarnos a Don Francisco Tomas Morales, Mariscal de Campo, Último Capitán General en Tierra Firme. Caracas, ANH, 1994.p.163.

se dirigía a Puerto Cabello con 300 hombres a fin de prestar seguridad a ese punto.[55]

Al día siguiente en horas del mediodía, las avanzadas realistas al mando del teniente coronel Narciso López entran en contacto con las tropas de Soublette y las 4 de la tarde inician el ataque sobre las posiciones patriotas sin lograr forzarlas. Soublette, temiendo ser cortado de su línea de comunicaciones[56] retrocede hasta la cumbre del cerro Los Aguacates y se instala en posiciones defensivas[57].

El teniente coronel Bausá con sus 300 hombres había marchado todo el día 9 hacia Puerto Cabello, pasó el 10 en el puerto, regresó el 11 a marchas forzadas y en la noche se incorporó a Morales en San Joaquín. El 12 y 13 Morales permaneció en espera de la incorporación de los refuerzos que

---

[55] Téngase en cuenta la velocidad de marcha para la época, calculada en una legua española por hora (unos 4kms.) en terreno plano y con un peso aproximado de 27 kgs por hombre, incluyendo el peso del arma. En terreno empinado o fragoso el cálculo era alrededor de 2 kms por hora. Sobre este punto véanse las *Ordenanzas del Ejército para su régimen, disciplina, subordinación y servicio dadas por Su Majestad católica el 23 de octubre de 1768*, las cuales estuvieron vigentes en los Ejércitos de la Independencia y la República hasta la publicación del Código Militar promulgado por el general Antonio Guzmán Blanco en 1870.

[56] Se entiende por línea de comunicaciones, toda vía que enlaza a las fuerzas de vanguardia con la retaguardia, en especial a una tropa que combate y a sus bases de repliegue y abastecimiento. Véase Cabanellas, Guillermo: *Diccionario Militar aeronáutico, naval y terrestre.* Buenos Aires. Omeba. 1963. Tomo III. p.353. El concepto fue acuñado por Henry Lloyd en 1766 en su obra *The history of the late war in Germany*. London, Printed for the author, 1766.

[57] Comunicación del brigadier Francisco Tomás Morales para el Capitán General de Venezuela. Ocumare, 15 de julio de 1816, en *Gaceta de Caracas Nº 85 del 21 de julio de 1816.*

desde Caracas había enviado el capitán general Salvador de Moxó, consistentes en dos compañías de fusileros del batallón *Castilla* al mando del teniente coronel Juan Nepomuceno Quero y el escuadrón de Húsares de Fernando VII, el cual había sido batido por Soublette y se había reagrupado en Cagua[58]. Esas tropas hacían un total aproximado de 1100 hombres[59].

Bolívar tiene conocimiento de la retirada de Soublette hasta Los Aguacates, el día 10 y oficia a Soublette en los términos siguientes:

"Por el oficio de V.S. de esta fecha me he impuesto de los detalles de la acción sostenida por esa División con el enemigo ayer tarde.

La conducta de los Batallones de Cazadores y Girardot me llena de satisfacción, y me confirma en la confianza que tengo de que será destruido el enemigo en el primer encuentro que vuelva V.S. a tener.

Es bien extraño el modo con que se ha conducido el Batallón de Güiria. Siendo éstas las tropas más aguerridas, deberían haber llenado mejor su deber. Yo no hallo otra causa para esto que la falta de Oficiales, y sobre todo de Jefe. Así puede V. remediarla entregándolo al Coronel Meza por ahora, o al Comandante Hernández, como le he dicho antes.

---

58 Morales: loc. Cit.; Comunicación del brigadier Salvador de Moxó al teniente general Pablo Morillo en Lecuna, Vicente: *Documentos*...pp. 95-101.

59 Chamberlain: Loc. cit.

Si hemos podido rechazar al enemigo con fuerzas inferiores, luego que haya V.S. recibido los refuerzos que condujo el Coronel Landaeta y los que esta mañana le envié con el Teniente Coronel Montesdeoca, su División se hace infinitamente superior al enemigo, y los resultados son más seguros y decisivos".[60]

Los días 11 y 12 los empleó Bolívar en supervisar la descarga del material de guerra a bordo de los buques y almacenarlos en el Castillo de Ocumare, así como organizar para la marcha hasta Los Aguacates del batallón de *Honor*, al mando del teniente coronel José Antonio Anzoategui[61].

El día 13 de julio, a media noche, Morales emprende la ofensiva sobre las posiciones de Soublette en Los Aguacates. Después de una marcha nocturna inicia el combate a las seis de la mañana. La posición del Ejército patriota, en ese momento al mando de Soublette, hacía muy difícil su abordaje, pero tenía la dificultad de presentar demasiado espacio de defensa, lo que obligaba a sobre extender las líneas para no ser tomada de flanco.

---

60 Oficio de Bolívar a Soublette del 10 de julio de 1816 en *Escritos... IX* 329-330

61 Lecuna señala que este era un pequeño batallón de 80 hombres, pero el estado de fuerza fechado en Carúpano, ya citado, señala que la fuerza efectiva de ese batallón era de 137 hombres, cifra cercana a los 150 que señalan Baralt (ob. cit....p. 328) y Austria, José de: *Bosquejo de la Historia Militar de Venezuela*. Caracas. Imp. y Librería de Carreño Hermanos.1855. Nosotros utilizamos la edición moderna de la Academia Nacional de la Historia.Caracas.1960. Tomo II.p.469.

Para ese momento Soublette cuenta con un efectivo cercano a los 500 hombres, habida cuenta de haberse completado los batallones que llevaba bajo su mando el día 10 y haber llegado el batallón *Cazadores* y el resto de los cuadros y reclutas de las demás unidades.

De conformidad con los relatos de testigos y la escasa documentación que se dispone sobre el hecho, Morales inicia un ataque frontal desde una cañada al pie del cerro, mediante fuego de las compañías de cazadores de los batallones y, en la medida que el volumen de fuego hacía retroceder a los cazadores patriotas, avanzaba en columna sobre la cumbre, ascendiendo hasta la mitad del cerro hora y media después de iniciado el combate. Después de tres horas de combate a las 9 y media de la mañana las tropas de Morales ocupan la cumbre del cerro y las tropas patriotas pueden retirase en orden sin ser perseguidos, en dirección a Ocumare y pudiendo evacuar incluso los heridos[62]. Los realistas tuvieron una pérdida de 35 muertos y 93 heridos, mientras que los patriotas perdieron alrededor de 200 hombres entre muertos y heridos[63].Un trozo de las tropas, aparentemente

---

[62] O`Leary; Daniel: Narración en *Memorias*. Caracas. Ministerio de la Defensa. 1981(facsimilar de la de 1883). Tomo 27. pp-346-347 y también en su interesante y muy poco conocida *Memorias sueltas*. Caracas. Sociedad Bolivariana de Venezuela.1988. pp.87-88, Vélez: *Rasgos*...loc. cit.

[63] Parte del Brigadier Francisco Tomás Morales al Mariscal de campo Pablo Morillo relacionado con la acción de Los Aguacates. Ocumare 13 de julio de 1816 en Archivo del Conde de Cartagena. Real Academia Española de la Historia. Documento **Sig. 9/7661, leg. 18, a), ff. 52-55**. Una versión de este documento, con algunas modificaciones fue publicado en la Gaceta de Caracas del 21 de julio de 1816; Carta de Bolívar a Arismendi en *Escritos IX*; Vélez (*Rasgos*...p.34) en sus recuerdos señala que sólo su unidad perdió dos oficiales y 40 soldados

la compañía de cazadores del batallón *Girardot* quedó cortada y extraviada y no se pudo incorporar a las tropas en retirada.[64]

Esta acción de guerra presenta ciertas características que vale la pena analizar; Al frente sobre extendido del dispositivo de defensa debemos agregar que Bolívar llega a la posición una vez iniciado el combate y, al igual que en La Puerta en 1814, asume el mando modificando el dispositivo de defensa. Las tropas de refuerzo que llevaba Bolívar para utilizarlas como reserva en caso de un eventual contra ataque, consistían en el Batallón de *Honor*, el cuerpo con mayores efectivos y el mejor entrenado de la expedición. Dichas tropas no llegan a tiempo, porque habiéndose hecho cargar a cada soldado con un barril de municiones además del fusil y del morral, se hizo la marcha con suma lentitud, por lo que el combate se lleva a cabo en una posición defensiva sobre extendida, como hemos dicho, y sin contar una reserva capaz de cerrar cualquier brecha abierta en su dispositivo defensivo por un ataque del adversario[65].

---

muertos en el combate; Ascanio, Antonio: *Diario de un oficial; de Los Cayos a La Hogaza*. Archivo del Libertador. Sección O´Leary.

[64] Carta de Bolívar a Arismendi 21 de agosto de 1816 en *Escritos*... Tomo IX. pp.334-335. Esta circunstancia es ratificada por las declaraciones del coronel (entonces capitán) Henrique Domínguez. AGN. Ilustres Próceres. Tomo XXIX. p. 108; declaración del coronel (entonces teniente) Vicente Andara ibídem p.110.

[65] Baralt: *Resumen*... p. 328; Austria: *Bosquejo*...p.469 Vélez: *Rasgos*...p. 34. Todos ellos coinciden en que el batallón de *Honor* era la fuerza más numerosa y mejor equipada, cfr. con Lecuna: *Documentos*... quien insiste en que el Batallón de *Honor* solo contaba con 80 hombres, sin tomar en cuenta el Estado de Fuerza del 27 de junio publicado en Yanes: *Historia de la provincia de Cumaná*...p.183.

Otro elemento por considerar es la calidad de las tropas que defendían la posición. De conformidad con la comunicación del 9 de julio en que Bolívar ordena a Soublette el relevo del teniente coronel José Antonio Raposo en el mando del batallón *Libertador de Guiria*, una vez que se reciben los refuerzos, coloca esa unidad bajo el mando del teniente coronel Julián Montes de Oca, quien tampoco cumple sus deberes del cargo y permite que el ala izquierda del dispositivo de Morales flanquee la posición, produciendo la desbandada de las tropas en ese sector[66]. Por otra parte, el desempeño de las tropas realistas, reconocido incluso por el propio Bolívar, señala que no se trataba de tropas colecticias, sino de unidades con experiencia de combate.[67]

Al atardecer del 14 las tropas patriotas acampan en las inmediaciones de Ocumare. Todos los testigos e historiadores que tratan sobre los hechos señalan la realización de una Junta de Guerra en ese lugar, presidida por el propio Simón Bolívar en persona y compuesta por el mayor general Soublette, el general Gregor MacGregor, los jefes de batallón y escuadrón y los jefes que formaban parte de la expedición, pero sin mando efectivo.[68]

---

[66] Nota manuscrita de Soublette a la narración de O´Leary: *Memorias*... tomo 27. p.347; Carta de Bolívar a Arismendi en *Escritos IX*...p.335 y de Bolívar a Petión...ibídem p. 349; Baralt: *Resumen*...p. 328.

[67] Bolívar a Arismendi: Loc. cit. Cfr. con Lecuna: *Documentos*...p. 15-18 quien señala que se trataba de tropas colecticias.

[68] Baralt: *Resumen*...pp.329; Restrepo: *Historia*...pp. 345; O´Leary: Memorias, Tomo 27, p.347-348 y *Memorias sueltas*...p.88: Briceño Méndez: *Relación*...pp.62-63; Vélez: *Rasgos*...pp.34-35; Soublette: loc. cit...p.351.

Cerro de Los Aguacates. Mariara. Agosto de 2019.

Básicamente, el objeto de la misma era adoptar una nueva forma de acción ante el inminente fracaso de la invasión, habiéndose perdido el elemento sorpresa y estando amenazados por las fuerzas de Morales, superiores en número y calidad y que acababan de propinarles una dura derrota.

Encontrándose de espaldas al mar, en un área de costa que tiene al frente una cadena montañosa con muy pocas abras para salir a los valles de Aragua existían únicamente dos soluciones militares posibles. La primera era reembarcar las tropas y cambiar de nuevo el teatro de la guerra, lo que implicaba contar con toda la flota a mano y seleccionar un nuevo sitio de desembarco donde instalar una base de operaciones y proseguir la guerra. Perdido el elemento sorpresa y estando alertado el mando realista, a la par de no contar con toda la flota, puesto que

Brion había partido hacia Bonaire el día 7 de julio [69] y Agustine Villaret, el Mayor General de la Escuadra, no tenía control efectivo sobre los capitanes de buques contratados para el transporte de las tropas. Ambas situaciones eran conocidas por los asistentes a la Junta de Guerra.

La otra solución posible, consistía en concentrar toda la fuerza disponible en un solo punto de la serranía y desde allí marchar bajando de los valles de Aragua hacia la región de los llanos de Caracas o de Oriente, a fin de reunirse con cualquiera de las partidas de caballería patriotas que operaban en esa zona, a fin de organizar un ejército capaz de iniciar operaciones ofensivas. Se traba pues, de buscar enlace con las fuerzas de Pedro Zaraza, José Tadeo Monagas, Andrés Rojas, Manuel Carlos Piar o Santiago Mariño. Estos dos últimos, habían hecho parte de la Expedición de Los Cayos y se sabía con certeza que se encontraban operando en el oriente del país. Esta fue la solución aprobada por la Junta de Guerra.[70]

El otro punto sobre el que existe unanimidad en las descripciones de testigos y escritores es acerca del comando de

---

[69] En la carta de Bolívar a Petión (Escritos IX...p.347) se señala la circunstancia de la partida de Brión y su escuadra sin especificar el día, pero las credenciales extendidas a Brión como Plenipotenciario en misión diplomática ante México y los Estados Unidos (Escritos IX...pp.318-322) están fechadas el 7 de julio, por lo que suponemos la partida de la Escuadra ese día o a más tardar al día siguiente.

[70] Esto explica suficientemente las razones por las que no se especifica en los documentos subsiguientes a donde se dirigía la fuerza. Baralt (ob. cit, p. 329) dice que se buscaba la reunión con Zaraza y Monagas, pero Bolívar tanto en la carta a Arismendi (del 21 de agosto, citada) como en la que dirige a Petión (*Escritos...* IX. p.351) señala que el objetivo era buscar enlace con las fuerzas de Piar.

dicha operación. Aunque Bolívar aprobó el plan, más que por sabio como afirman Baralt y Lecuna, por ser el único practicable, y manifestó su disposición a dirigir la marcha para cambiar el teatro de la guerra, la mayoría de los asistentes a la Junta eran de la opinión que el Libertador debía reembarcarse con los elementos de guerra disponibles, la mayor parte de ellos depositados en el Castillo de Ocumare y asumir la dirección de la guerra una vez que el enlace con las fuerzas del interior se hubiese llevado a cabo[71].

Tomada esa decisión, Bolívar procedió a impartir las instrucciones de coordinación respectivas.[72]. En primer lugar, se ordenó al teniente coronel Francisco Piñango, que había cumplido con relativo éxito su misión de reclutar tropas en Choroní y reorganizar el batallón *Barlovento*, acelerar la operación que se le había ordenado el día anterior consistente en ocupar los desfiladeros de la bajada de Curucuruma. En segundo lugar, después de una conferencia privada con el general MacGregor, éste se dirigió a Choroní con todas las tropas que se encontraban en Ocumare y habían participado en la acción de Los Aguacates. Después de conferenciar con Soublette, Bolívar sale para el puerto de Ocumare a las cinco de la tarde, con el fin de acelerar el embarque del material de guerra

---

[71] Baralt: *Resumen*...pp.329; Restrepo: *Historia*...pp. 345; O´Leary: *Memorias*... Tomo 27, p.347-348 y *Memorias sueltas*...p.88: Briceño Méndez: *Relación*...pp.62-63; Vélez: *Rasgos*...pp.34-35; Soublette: loc. cit...p.351.

[72] En el léxico militar se entiende por Instrucciones de coordinación, las disposiciones específicas a cada una de las unidades involucradas en una operación para el cumplimiento de sus tareas específicas.

a bordo de los buques de la Escuadra, quedando en regresar unas cinco horas más tarde, alrededor de las once o doce de la noche de ese día.[73]

Lo ocurrido durante ese lapso de escasas horas ha sido debate historiográfico hasta nuestros días y es página de obligada aclaratoria tanto en el estudio de la época, como en cualquier biografía del Libertador. Se trata de clarificar las razones por las cuales, Bolívar abandona el comando de sus tropas y se embarca para volver a ver a sus subordinados exactamente seis meses después. Igualmente, se hace necesario saber las causas por las cuales se pierden considerables elementos de guerra, necesarios para la continuación de la lucha. Veamos.

En el momento de su arribo al puerto, Bolívar ordena a Villaret que embarcara el parque y demás efectos de guerra que se encontraban en el Castillo de Ocumare y los pusiera a bordo del bergantín *Indio Libre.* Es de hacer notar que sólo ese buque y dos transportes, constituían la única fuerza naval disponible ya que el Almirante Luis Brion y su escuadrilla habían partido de Ocumare unos días antes. Pedro Briceño Méndez, libre de toda sospecha de antibolivarianismo señala que:

"Era el objeto del General Bolívar, internarse con toda su

---

[73] Ejército del Centro Boletín Nº 1, Pao de Zárate 20 de julio de 1816 en O´Leary: *Memorias*...Tomo XV pp.85-86. Como hemos señalado anteriormente, los originales completos de los Boletines del Ejército del Centro existen en el Archivo Histórico José Manuel Restrepo en Bogotá catalogados bajo el serial **ahrestrepo_f1_v26_pza7**. En adelante nos referiremos a ellos como *Boletín*, seguidos del número respectivo.

fuerza a los valles de Aragua, que sólo distaban dos marchas, antes que los españoles enviasen allí fuerzas a disputarle el país, y dejar en el puerto sus parques confiados a la escuadra, mientras se conseguían en el interior los transportes necesarios para introducirlos; pero este sabio plan quedó sin efecto, porque el almirante Brión y todo los capitanes de corsarios se negaron a permanecer allí, y procediendo a desembarcar las armas y municiones, cargaron sus buques de los frutos que se habían encontrado en el país libertado, y dieron la vela. Esta conducta cambió del todo el aspecto de la campaña. La expedición perdió no solo la movilidad que le daba la escuadra para obrar por los puntos más débiles, sino que la debilitó, obligándola a dividir las fuerzas para cubrir el puerto contra las incursiones que podía hacer el enemigo con mucha facilidad desde Puerto Cabello".[74]

Esa especie de insubordinación soterrada había sido cubierta por Bolívar, necesitado de contemporizar con Brion, bajo la apariencia de una misión diplomática ante México y los Estados Unidos, para lo cual le había expedido credenciales desde el día 7 de julio, es decir, en plena campaña y cuando más se necesitaban esos buques para la movilidad de las tropas y para la propia seguridad de la expedición[75].

---

[74] Briceño, Méndez, Pedro: *Relación Histórica*. Caracas. Sociedad Bolivariana de Venezuela.1993. pp.61-62.

[75] Credencial extendida por el Libertador a favor del Almirante Luis Brion para la misión diplomática cerca del gobierno de las provincias unidas de México, fechada en Ocumare, 7 de julio de 1816; Credencial extendida por el Libertador, fechada en Ocumare de la costa el 7 de julio de 1816, a favor del almirante Luis brion para la misión diplomática cerca del gobierno de los Estados Unidos del Norte de América. Ambos documentos en *Escritos IX*...pp.318-322.

De conformidad con el propio Bolívar, Villaret al recibir la orden, le hizo observar que no tenía confianza en el comandante del bergantín y que era preferible colocar las armas y demás efectos en los dos buques de transporte. Bolívar decide aceptar la sugerencia y permite que el Mayor General de Marina, encargado del mando de los buques en ausencia de Brion, proceda al embarque tal cual lo había sugerido.[76]

Entretanto, el transporte de las armas desde el castillo y su embarque en los buques mercantes se realiza con suma lentitud. Salom, el comandante de la artillería y responsable del parque señala *que "desde la oración hasta que se hizo a la vela"* Villaret le dio prioridad al embarque de mujeres y niños que venían acompañando la expedición por sobre el embarque del armamento.[77]

Bolívar llega a la playa al ser ya de noche[78], percibe la situación e intenta acelerar el embarque de las armas, cuando el

---

[76] Bolívar ratificaría esa versión en sus cartas a Arismendi y a Petión (loc. cit.).

[77] Bartolomé Salom en carta a O´Leary: *Memorias*...Tomo 27 pp.351-352. Este punto es importante pues señala la hora en que comienza el embarque. El toque de oración es un ritual militar, que aún subsiste en la mayoría de los ejércitos y se lleva a cabo con el crepúsculo vespertino, lo que ubica los hechos a las 6 de la tarde aproximadamente, sin la presencia de Bolívar, al contrario de lo que afirma Lecuna. Sobre el toque de Oración véase Cabanellas: *Diccionario*... tomo III p. 666. Crf. con la declaración de Salom, citada con lo afirmado por Lecuna en *Documentos*...p. 19.

[78] Briceño Méndez y Soublette, testigos presenciales están de acuerdo en ese punto. Nótese la ausencia de Bolívar durante un lapso alrededor de dos horas. Nada sabemos de sus actividades durante ese período de tiempo, excepto la frase de Soublette: *"En este suceso se mezcló el*

capitán Isidro Alzúru, a quien había dejado como enlace en la población de Ocumare para que por su medio le comunicara Soublette las novedades que ocurrieran, le informa que las tropas de Morales se encontraban ubicadas entre el pueblo y el puerto de Ocumare y avanzaban hacia la playa, en la cual reinaba el desorden debido a las tareas de embarque de material y la aglomeración de personas buscando embarcarse.

La noticia, como era de esperarse, no hizo más que aumentar la confusión. Urgido Bolívar, ante tal situación decidió embarcarse a última hora, en el bergantín Indio Libre, gracias a un bote al mando del capitán de fragata Juan Bautista Videau, enviado en su socorro por Villaret.

Tal noticia, había sido mal transmitida por Alzúru, bien por incapacidad o traición manifiesta, pues lo que Soublette le había transmitido por su intermedio era que *"el enemigo había hecho alto en la montaña y encendido sus fuegos, que estábamos sin novedad y que a las dos de la mañana emprenderíamos la marcha para Choroní"*[79]. Como puede observarse, se produce una tergiversación manifiesta de las órdenes transmitidas.

---

amor y U. sabe que Antonio, sin embargo del peligro en que estaba, perdió momentos preciosos al lado de Cleopatra", aludiendo sin duda, a la presencia de la señorita Josefina Machado, entonces novia de Bolívar, en la expedición. Véase carta de Soublette a O´Leary en O´Leary: *Memorias...* Tomo 27 p. 351.

[79] Narración de Soublette: Loc. cit. Baralt señala que la orden de partida a Choroní era a las ocho de la noche, sin pruebas en que apoyarse. Basta la circunstancia de haber sido percibidos los fuegos del campamento de Morales por las tropas de Soublette, para desmentir

Las personas que no pudieron tomar las embarcaciones, siguieron hacia Ocumare y pusieron a Soublette en conocimiento de lo ocurrido. Soublette, envió al teniente coronel Miguel Borrás a intentar reparar el daño causado por las informaciones mal transmitidas por Alzúru, pero cuando este llegó al puerto, ya el buque de guerra y los transportes se habían marchado del puerto[80].

Llegando la hora prefijada para iniciar la marcha táctica hacia Choroní y sin aparecer El Libertador, se emprendió la marcha hacia esa localidad, de conformidad con el plan trazado en la Junta de Guerra. Se ordenó distribuir la munición entre los diversos Cuerpos, entregándole a cada soldado 200 cartuchos adicionales, pero el resto del abundante material que había quedado en la playa no pudo ser recogido por falta de transporte, quedando abandonado a merced de las tropas de Morales Igual suerte cupo a los heridos en la acción de Los Aguacates[81].

Sobre este asunto particular, hay algunos aspectos que resulta necesario señalar. En primer lugar, las comunicaciones de Bolívar a Arismendi el 12 de agosto y a Alejandro Petión del 4 de septiembre, no hacen ninguna mención de estos hechos.

---

esa afirmación, pues los mismos a tres leguas de distancia, solo pueden ser percibidos de noche. Baralt: *Resumen…* p. 330.

[80] Restrepo, José Manuel: *Historia de la Revolución de la República de Colombia*. Besanzon. Imprenta de José Jacquin. Tomo segundo, pp.346-347.

[81] O´Leary: *Memorias sueltas…* p.89; Baralt: *Resumen…*pp. 329-330, Vélez: *Rasgos…*p.36.

Cabría preguntarse si Bolívar los ignoraba y se enteró del asunto mucho tiempo después o si los omitió en forma deliberada.

En segundo lugar, en carta dirigida a José Fernández Madrid el 6 de marzo de 1830, Bolívar expresaría lo siguiente:

"El hecho de Ocumare es la cosa más extraordinaria del mundo: fui engañado por un edecán del general Mariño, que era un pérfido..." [82]

Esta declaración, viniendo de la pluma del Libertador, ha dado pábulo a que los historiadores que se han ocupado del asunto adopten automáticamente esa versión sin parar mientes en algunos aspectos. Un Edecán o Ayudante de Campo es "un oficial adscrito a un general, para auxiliarle en el ejercicio del mando y de modo principal para transmitir verbalmente sus órdenes a los jefes subordinados a aquel" [83], por lo que difícilmente Alzúru haya podido ser en propiedad edecán del general Mariño, cuando para la fecha éste se hallaba en la costa de Paria a más de 800 kilómetros de distancia, con sus propios edecanes encargados de transmitir las órdenes respectivas. En segundo lugar, porque testigos e historiógrafos de la época señalan que el personaje en cuestión era edecán del general

---

[82] Carta de Bolívar a José Fernández Madrid fechada en Fucha el 6 de marzo de 1829, en Obras *Completas.* Edición a cargo de Vicente Lecuna. La Habana, Editorial Lex. 1947. Tomo II, pp. 863-864.

[83] Almirante, José: Diccionario Militar. Madrid, Ministerio de Defensa Español.1997. (edición original de 1869) Tomo I. pp.115 y 361, Cabanellas: *Diccionario...* Tomo I, p.439.

Bolívar[84]. Así, el propio Libertador carga con la responsabilidad de haber designado como edecán a una persona no capacitada para el cargo o con sospechas de fidelidad a la causa republicana que su jefe encarnaba.

Bolívar, al embarcarse en el bergantín Indio Libre, a fin de salvar el material de guerra que se encontraba a bordo, pierde contacto con las tropas a su mando, dejando éstas a su libre arbitrio, con la misión acordada en la Junta de Guerra, en el sentido de abrirse paso al interior del país y buscar hacer contacto con cualquiera de las fuerzas patriotas que allí estuviesen operando. Este punto está especificado en el Boletín Nº 1 del Ejército del Centro, denominación que adoptarían esas fuerzas en lo adelante:

"Razones muy poderosas debieron decidir al Jefe Supremo a embarcarse sin dar sus últimas disposiciones en el ejército, y lo que es más, con abandono de algunos efectos de

---

[84] Briceño Méndez: *Relación*...pp. 62-63; Soublette en carta a O´Leary en *Memorias.* Tomo 27, p.351; Restrepo: *Historia*...p 346.; Baralt: *Resumen*...p.330. Solo Lecuna, siempre presto a silenciar cualquier "mancha" en la Carrera de Bolívar, señala que era edecán de Soublette (*Catálogo de errores y calumnias en la Historia de Bolívar.* New York. Colonial Press.1957. *Tomo II.* p. 34). En realidad, el edecán de Soublette era el capitán Manuel Marcano, muerto en la batalla de El Juncal. Alzúru, parece haber sido, en efecto, edecán de Mariño en 1814, cuando estuvo de paso por Caracas después de la batalla de la Puerta y nada más, pues nunca perteneció al ejército de Oriente y si al de Occidente bajo las órdenes del propio Bolívar. Ignoramos las razones del Libertador para hacer tal aserto 14 años después y redactar el párrafo de esa carta en forma tan anfibológica que cuesta distinguir si el calificativo de pérfido es para uno o para otro.

guerra que quedaron en la playa; de lo que informado el Mayor General a las 11 de la noche, dio orden para que el ejército marchase a las dos de la mañana con dirección a Choroní, según estaba dispuesto"[85].

El desembarco en Ocumare había, pues, terminado en un completo fracaso.

Bolívar, una vez embarcado en el bergantín Indio Libre al mando de Villaret, decide seguir hacia la costa de Choroní, a fin de hacer enlace con el batallón Barlovento, que al mando de Piñango se organizaba allí, y en la creencia de que el resto de la fuerza se dirigía a ese lugar.[86] No obstante, los buques de transporte se negaron a seguirlo y tomaron rumbo a Bonaire, por lo que Bolívar siguió esa ruta a fin de recuperar el cargamento que los mismos llevaban a bordo.

Allí se encontró con la Escuadra del almirante Brión, quien se encontraba reabasteciendo sus navíos y, con ayuda de este consiguió recuperar el material de guerra a bordo de los transportes, dirigiéndose de nuevo a la costa de Aragua, en Choroní. Allí fue informado de la partida de las tropas, ahora al mando de MacGregor hacia el interior del país.

Roto el contacto con las tropas y perdido el comando sobre la operación, Bolívar se transportaría por vía marítima a Guiria, a donde arribaría el 20 de agosto.

---

[85] Boletín Nº1: Loc. cit.
[86] Bolívar a Arismendi, 21 de agosto de 1826: loc. cit.

CAPITULO 2

LA MARCHA DE MC GREGOR

Desde el momento en que, por ausencia de Bolívar, los oficiales comandantes de batallón deciden designar para el mando de las tropas que se encontraban en Ocumare y zonas aledañas al general Gregor MacGregor, quien formaba parte de la expedición, pero venía en la misma sin mando nominal, se da inicio al desplazamiento de las tropas hacia el interior del territorio de Venezuela.

Esta operación militar ha sido denominada de distintas maneras, de conformidad con el parecer de cada historiador que se ha ocupado de ella. Algunos la han denominado la retirada de los 600, haciendo, en algunos casos, paralelismos con la Anábasis de Jenofonte. Otros, por el contrario, la califican como la Invasión por Ocumare y algunos más, recientemente la califican de penetración.

Así las cosas, resulta necesario clarificar el tipo de operación militar que se pretendía realizar, a los fines de evaluar críticamente la misma y, modificar el nivel de comprensión acerca de los acontecimientos objeto de nuestro trabajo.

En principio las marchas, de conformidad con la teoría militar de la época, eran conceptuadas como "*los movimientos que realiza un ejército para trasladarse de un punto a otro*"[87]. Las mismas se clasificaban como *"marchas al lado del enemigo, pero en las cuales el hecho sea de prevenirlas sobre un punto o de conquistarse rápidamente de un puesto, o de llevar protegido a un objeto amenazado, o de cambiar sin que se lo espere, el teatro de la guerra"* [88]

De conformidad con lo anterior una marcha debe distinguirse de una retirada. Esta es un tipo de movimiento retrógrado, es decir un movimiento que se hace cediendo terreno para ganar tiempo, ante la presión del enemigo[89]. Además, la retirada presupone el desplazamiento desde un punto determinado hasta la base de operaciones de donde el cuerpo militar haya salido y siguiendo determinada línea de comunicaciones[90].

---

[87] Guibert, Jacques: *Essai Generale de Tactique*. Lieja, 1772.Nosotros usamos la edición moderna a cargo de Jean Paul Charnay, editada con el nombre de *Stratégiques*. Collection Classiques de la stratégie. L´Herne. París, 1977.pp. 348-353. Recuérdese que las tesis de Guibert constituían el elemento esencial de las doctrinas de guerra vigentes para la época. Sobre este punto véanse Gat, Azar: *The Origins of Military Thought*. Oxford, Oxford University Press, 1992; Chandler, David: *Las campañas de Napoleón*. Madrid. La Esfera de los libros. 2005 y Falcón Fernando: *El Cadete de los Valles de Aragua*. Caracas. Universidad Central de Venezuela.2006.

[88] Guibert: *Essai*...p.350.

[89] Cabanellas: *Diccionario*...Tomo III.pp.552-555.

[90] Se hace necesario distinguir las líneas de operaciones, que son aquellas por donde se desplaza el Ejército en búsqueda del enemigo, de las líneas de comunicaciones, que son aquellas por donde se desplaza el abastecimiento destinado a las tropas en operaciones. Hasta el siglo XVII ambas líneas eran generalmente coincidentes hasta

Como puede observarse en este caso particular, la base de operaciones anterior, es decir, el punto de partida desde donde sale el ejército estaba ubicada en Carúpano y la línea de operaciones había sido establecida por vía marítima. Dadas las circunstancias que acarrearon la ausencia de la escuadra, no era posible, de ninguna forma, efectuar una retirada, por lo cual es un error manifiesto describir la operación llevada a cabo por MacGregor, con ese nombre.

Tampoco podría describirse la operación llevada a cabo desde Ocumare como una invasión o penetración, puesto que para poder hablarse de cualquiera de esas dos operaciones militares se hace necesaria, tanto la ubicación de una base de operaciones, inexistente en ambos casos, como un punto de llegada, bien como objetivo estratégico o táctico a ser alcanzado, o para efectuar la reunión con otro cuerpo militar cuya ubicación se conoce con exactitud. La situación de las tropas ubicadas en Ocumare y sus alrededores, no permite, por tanto, ubicar la operación militar realizada en esos términos.

Dado que, Bolívar se había ausentado del teatro de la guerra "*sin dar sus últimas disposiciones en el ejército, y lo que es más, con abandono de algunos efectos de guerra que quedaron en la playa*"[91] y asumido el comando por MacGregor, la solución militar más adecuada era un desplazamiento hacia el

las innovaciones tácticas llevadas a cabo por Lloyd, Bourcet y Guibert. Para un estado de la Cuestión véase Gat: *The Origins*...Ob.cit.

[91] Boletín Nº 1: Loc. cit.

interior del país para cambiar el teatro de la guerra, ya fuese buscando la unión con las fuerzas al mando de los generales Pedro Zaraza y José Tadeo Monagas, quienes efectuaban operaciones de guerrillas al mando de unidades de caballería en los llanos del Guárico y la provincia de Barcelona o bien buscar el contacto con las tropas de los generales Santiago Mariño y Manuel Carlos Piar, quienes efectuaban operaciones militares regulares en la provincia de Cumaná. Por tanto, la operación que llevará a cabo MacGregor a partir del mismo momento en que es designado jefe de las tropas es una marcha para cambiar el teatro de la guerra, cualquiera que fuese la reunión a ser efectuada primero, dada su extrema debilidad en caballería y el desconocimiento que se tenía respecto a la ubicación de las fuerzas amigas en el terreno hacia donde se desplazaban.

El día 15 de julio a las dos de la mañana las tropas que se encontraban en Ocumare inician el desplazamiento hasta Cuyagua, donde se reúnen con las tropas que el general MacGregor había llevado a Choroní. Durante los días 16 y 17 se produce la reorganización del ejército y se realizan los preparativos para la marcha. Se toman disposiciones para transportar la munición que pudo rescatarse de la playa de Ocumare, repartiendo a cada soldado 200 cartuchos adicionales sobre la carga básica de entonces (60 cartuchos por hombre), lo cual aunado al peso del arma y de los morrales contribuían a hacer la marcha mucho más lenta que lo normal[92]. Igualmente se procede a reorganizar las fuerzas existentes agrupándolas en

---

[92] Vélez: *Rasgos*...p.36; Baralt: *Resumen*...p.330.

tres batallones: *Honor, Girardot* y *Cazadores*, y el Escuadrón de *Soberbios Dragones.*

Desplazándose por las estribaciones de la cordillera de la Costa llegan al sitio de Curucuruma, elevación que domina el valle de Maracay y allí se reúnen con el teniente coronel Francisco Piñango al mando del batallón *Barlovento*, cuerpo formado en Choroní con reclutas de la zona y el cual se había desplazado hacia ese lugar el día 15 siguiendo instrucciones que Bolívar le había dado el día anterior.[93]

Para ese momento la fuerza total que inicia la operación se cifra alrededor de 600 hombres de infantería, más 30 Dragones que llevaban la vanguardia, a lo que habría que añadir los artilleros al mando del teniente coronel Salom y los oficiales sin mando que habían venido en la expedición, lo que haría un total cercano a los 750 hombres[94]

---

[93] Bolívar a Arismendi: Loc. cit. en *Escritos IX*...p.334; Briceño Méndez: *Relación*...p.62; O´Leary: *Memorias Sueltas*...p.87.

[94] Cálculo en base a la fuerza de 300 hombres que se replegaron sobre Ocumare, a la que hay que sumar los 300 hombres que el teniente coronel Francisco Piñango había reclutado en Choroní y las tropas que se quedaron en Ocumare transportando las armas y municiones. Esta apreciación está confirmada por el informe del Sargento Mayor realista Juan Nepomuceno Quero, quien en comunicación a Morales señala "soy informado que consta su fuerza de 700 a 800 hombres, bien armados y con algunas cargas de municiones" (Oficio de Juan Nepomuceno Quero al Brigadier Francisco Tomás Morales, en Lecuna, Vicente: *Documentos*...p.92.O´Leary: *Memorias Sueltas*...p. 90, da la cifra de 740 hombres. Luis Brión, en carta a Juan Bautista Arismendi, fechada en Bonaire el 3 de julio de 1816 (SIC, la carta es evidentemente redactada en el mes de agosto) da la cifra de 750 hombres. Dicha comunicación está incluida en el tomo V de Blanco, José Félix y Ramón

El día 18 las tropas bajan de la cordillera por el valle de Onoto y allí tienen un enfrentamiento con una compañía de infantería del batallón *Castilla* al mando del teniente coronel Juan Nepomuceno Quero, la cual formaba parte de las tropas que el capitán general salvador de Moxó había enviado al mando del brigadier Pascual Real en auxilio de las tropas de Morales y había permanecido acantonada en Maracay para cerrar las vías de acceso desde Ocumare. En un breve combate ejecutado al choque de bayoneta, las fuerzas de MacGregor derrotan a las de Quero, las dispersan y se desplazan por el camino de Turmero hacia la población de La Victoria, la cual ocupan el día 19 en horas de la tarde, después de hacer retirar a las tropas realistas que la guarnecían, llegando al final de la tarde a la cuesta de la Guacamaya y pernoctando en la hacienda Santa Rosa, perteneciente a la familia Montilla y que se encontraba asignada por la Junta de Secuestros al propio general Morales. Al día siguiente se inicia el desplazamiento buscando la vía de los llanos, siguiendo las rutas montañosas para evitar cualquier encuentro con la caballería realista, ya que los independentistas no contaban con esa arma de combate[95]. El día 20 se establecen en el Pao de Zárate.

Azpúrua: *Documentos para la vida pública del Libertador Simón Bolívar.* Caracas, Ediciones de la Presidencia de la República, 1983. Tomo V, pp.456-458.

[95] Baralt: *Resumen...* p.331; Vélez: *Rasgos*...p.37; Boletín Nº 1.

Entretanto Morales, quien se encontraba en Ocumare desde el día 15 recogiendo el material de guerra abandonado por los patriotas en la playa y vigilando la posibilidad de un segundo desembarco en la zona por parte de Bolívar, recibe informaciones de Quero acerca de la ruta seguida por las fuerzas de MacGregor y dispone iniciar la persecución de los patriotas por dos columnas, a fin de interceptar su acceso a la entrada de los llanos del Guárico. Para estos fines organiza dos columnas de persecución: Una formada por dos compañías del batallón de *Milicias de Blancos de los Valles de Aragua* al mando del capitán Félix Riasco, encargada de seguir la pista de la columna de MacGregor y otra al mando del propio Quero, compuesta de dos compañías de *Castilla* y el escuadrón de *Húsares de Fernado VII* destinados a interceptar el paso por Villa de Cura. Estas unidades se ponen en marcha el día 21, como resultado del combate de Onoto. Ambas columnas sumaban cerca de 750 hombres[96].

Paralelamente a esto, el día 20, Morales, que se ha desplazado con sus tropas hasta Cagua, informa acerca de la dirección de marcha de las tropas patriotas y atinadamente informa al capitán general Moxó que su dirección de avance iba hacia San Sebastián de los Reyes, por lo que procede a informar

---

96 El Diario de Operaciones del Ejército al mando del Brigadier Pascual Real, inédito y encontrado por nosotros en el Archivo del Conde de Cartagena (Pablo Morillo) señala en su entrada correspondiente al día 22 de agosto: "Pasó a operar en combinación una división de infantería y caballería de 750 hombres" Diario de Operaciones del Ejército al mando del Brigadier Pascual Real, del 8 de julio al 6 de agosto de 1816.Real Academia de la Historia. Archivo del Conde de Cartagena. **Sig. 9/7651, leg. 8, h), ff. 243-259v.**

de tal hecho a los comandantes militares de la zona, en especial a los de San Sebastián, Camatagua y Chaguaramas[97].

Entretanto, las tropas de MacGregor, siguiendo por zonas montañosas las aguas del río Pao, bordearon San Casimiro de Güiripa llegaron a San Sebastián de los Reyes, en donde dispersaron las fuerzas que allí tenía a su cargo el capitán Francisco Rosete, es decir, las milicias de Camatagua, las cuales fueron diseminadas con la sola presencia de las tropas patriotas en el lugar. Entre los documentos capturados en la toma de la población, el mando patriota se entera de la presencia de un ejército republicano combatiendo en los llanos de Apure, así como de la presencia y número de las distintas guarniciones realistas en el teatro de operaciones[98].

Las tropas patriotas continuaron la marcha el día 22 por San Francisco de Cara y Camatagua. Atravesaron el río Orituco por el pasaje del Arbolito el día 26. Antes de efectuar esa operación de cruce de ríos, Mc Gregor ordena al teniente coronel

---

[97] Oficio del Brigadier Francisco Tomás Morales al Capitán General Salvador de Moxó fechado en Cagua el 20 de julio de 1816, en Lecuna: Documentos...pp. 92-93.

[98] Rafter, Colonel M.: *Memoirs of Gregor MacGregor*. London. Printed for J. J. Stockdale. 1820. Pp. 76 y sig. Rafter fue amigo y colaborador de MacGregor tanto en su incursión en Isla Amelia como en Portobelo y Río Hacha. La descripción de la campaña de 1816 ha debido tomarla de la propia narración de MacGregor pues el no participó en la misma. Para una descripción completa de dicha fuente véase Arends, Tulio: *Sir Gregor MacGregor, un escocés tras la aventura de América*. Caracas. Monte Ávila.1991, en especial pp.141-142. Yanes señala que las tropas patriotas eran guiadas por los prácticos Ramón Hernández y Antonio Gómez. Yanes, Francisco Javier: *Relación documentada...* p. 312; Baralt: *Resumen...* p.332.

Ricardo Mesa, para que efectuase una misión de reconocimiento y enlace en los llanos de Guárico a fin de buscar comunicación con las tropas de Zaraza, a quienes suponían operando cerca de Chaguaramas. También aprovecharon esos días para reorganizarse y reclutar algunos soldaos en la zona para aumentar sus efectivos[99]

Igualmente, en este punto se reunió una junta de guerra presidida por MacGregor y con la presencia del Mayor General Soublette, de los jefes de batallón y demás oficiales superiores sin mando acerca de la dirección a tomar a partir de este punto. Existían dos formas de acción: la primera consistía en evitar el pueblo de Chaguaramas, pues allí había un fuerte destacamento de tropas españolas, atrincherado en dos de las principales casas de la plaza, por lo que no convenía combatir sino conservar íntegra la fuerza y economizar municiones para facilitar el cumplimiento de los objetivos. La segunda forma de acción consistía en entrar a Chaguaramas y atacar la guarnición allí existente a fin de proveerse de recursos logísticos pues ya las escasas raciones destinadas a las tropas estaban agotadas. Discutido el punto, prevaleció esta última forma de acción.[100]

---

[99] Boletin Nº 2, Mamonal, 30 de julio de 1816. Sobre la recluta de efectivos véase la declaración del teniente Francisco Muñoz en su hoja de servicios, en AGN. Ilustres Próceres. Tomo LVIII. p.272.

[100] Baralt (*Resumen*...p.332) sostiene que MacGregor adoptó la primera forma de acción y cambió la decisión poco antes de llegar a Chaguaramas, en el Hato de Las Palmas. Francisco de Paula Vélez, comandante del Batallón *Girardot* sostiene, en cambio, que la decisión del ataque se tomó el mismo día de la Junta de guerra (*Rasgos*...p.37) Rafter, por su parte, insiste en que la decisión fue tomada por la Junta de Guerra, fundamentalmente por consideraciones de carácter logístico. Rafter, M: *Memoirs*...p. 77.

En la población de Chaguaramas se encontraban la compañía de granaderos del regimiento *Unión*, la compañía de cazadores del regimiento *Castilla* y un campo volante de caballería, todos al mando del capitán Tomás García. Contaban además con un cañón de campaña de a 4 y ocupaban dos casas fortificadas ubicadas en la plaza principal del poblado.[101] Esto hacía un total cercano a los 300 hombres. García se encontraba ya informado de la ruta que habían tomado las tropas independentistas, debido a la circular que Morales le había hecho llegar desde el día 20, pero juzgando que dichas tropas aún no se hubiesen aproximado al puesto que comandaba enviado a sus soldados a lavar la ropa en una laguna que está a las cercanías del pueblo.

El ataque a la plaza se realiza el día 28 de julio.[102] A pesar de la rapidez del movimiento de las tropas de MacGregor, una imprudencia del comandante de la vanguardia, teniente coronel Teodoro Figueredo, permite que la gran mayoría de los realistas pudiesen escapar y refugiarse en las casas fuertes de la plaza.[103] De inmediato las tropas ocuparon el resto del pueblo y se

---

[101] Baralt: *Resumen*...pp. 332-334; Vélez: *Rasgos*...pp.37-38, Rafter: *Memoirs*...pp.77-78; O´Leary: *Memorias Sueltas*...pp. 91-92 y 94-95. Los regimientos *Unión* y *Castilla* serán denominados luego en 1818 con los nombres de *Valencey* y *Hostalrich,* respectivamente por disposición del Ministro de Guerra de España. El Capitán Tomás García es el mismo que ya como coronel comandante de la primera división realista, conducirá la célebre retirada del batallón *Primero de Valencey* en la Batalla de Carabobo de 1821.

[102] El Boletín Nº 2 dice que fue el 29 de julio, Baralt, y Rafter señalan que fue el día 28. Sin embargo, hay un error material evidente en el boletín.

[103] Baralt: *Resumen*...p. 333, O`Leary: *Memorias Sueltas*...ibídem.

apoderaron de recursos existentes en almacenes y de toda la existencia que se encontraba en el Estanco del Tabaco, cuestión importante desde el punto de vista logístico y de la atención al personal, "pues la tropa que hacía días no fumaba".[104]

No obstante, la pérdida de la sorpresa, MacGregor se empeña en rendir a la fuerza realista guarnecida en una de las casas fuertes[105]. A tales efectos intima la rendición, la cual fue rechazada, y procede al intento de asalto el cual debe ser suspendido al día siguiente con pérdida de 11 muertos y 33 heridos, ante la información cierta de que se aproximaban fuerzas realistas en persecución.[106]

---

[104] Vélez: *Rasgos*...p.38.

[105] Por Casa Fuerte se entendía en la época una edificación de mampostería con paredes con el grosor suficiente para resistir el impacto de cualquier bala de fusil. Contaba igualmente con parapetos y de defensa y claraboyas para hacer disparos a través de los muros. Por lo general contaban con abastecimientos y agua suficientes para resistir sitios de corta o mediana duración. Durante la guerra de Independencia de Venezuela, ambos bandos instalaron este tipo de edificaciones, siendo la más famosa de ellas la Casa Fuerte de Barcelona. Véase Cabanellas: *Diccionario*... Tomo I. p.741.

[106] Baralt, juzga como innecesario el asalto y concluye que el resultado fue una pérdida de 80 hombres, aunque el Boletín N °2, solo señala 44, 11 muertos y 33 heridos. Además, añade que se gastaron 10.000 cartuchos como apoyo a su observación. Aunque la cifra, a simple vista, pareciera muy grande, el cálculo militar desmiente totalmente las afirmaciones de Baralt. Veamos: Cada soldado, de los 600 de infantería llevaba encima su carga básica de 60 cartuchos y 200 adicionales. Si dividimos esos 10000 cartuchos entre el número de soldados con capacidad de hacer fuego (600) eso da un total de 17 cartuchos disparados por cada hombre y si esa cifra la multiplicamos por 5 minutos por disparo (exagerando el tiempo de disparo en tropas que se entrenaban sobre la marcha) da un total de una hora y 15 minutos de fuego. Baralt dice que se hizo fuego durante todo el día y toda la noche del 28 de julio, lo cual es imposible de conformidad con este cálculo. Véase Boletín N°2 y confróntese con Baralt: *Resumen*... p.333.

Durante esta operación se incorpora a las tropas el teniente coronel Basilio Belisario con el Escuadrón *Chaguaramas* como resultado de la comisión dada al teniente coronel Ricardo Mesa en La Lajita unos días atrás. Mesa hace contacto con Belisario y se logra el enlace buscado con las tropas del general Pedro Zaraza.[107]

Mientras esto ocurría, se había producido en Villa de Cura la reunión de las dos columnas que perseguían a los patriotas desde su salida de La Victoria a las que se sumaron los 300 hombres al mando de Rosete, los cuales habían sido dispersados por los patriotas a su entrada en San Sebastián de los Reyes. Se trataba de los escuadrones de caballería del *Sombrero* y de *Camatagua.* Esas unidades sumadas a las tropas de Quero hacían un total de 1200 hombres.[108]

Esas tropas inician la persecución y llegando a Chaguaramas recogen las dos compañías que allí se encontraban al mando del capitán Tomás García, las mismas que acababan de sostener el combate con las tropas de MacGregor y toman la misma ruta de ellas para alcanzarlas y destruirlas.

---

[107] Zaraza, Lorenzo: *La independencia en el Llano*. Caracas. Editorial Elite. 1933 p.184. en dicha obra, Zaraza (sobrino nieto del prócer) afirma que el contacto se logra el mismo día 29 de julio.

[108] Lecuna (*Documentos*...p.32) dice que eran solo 550. Rafter, Baralt, Ascanio y Vélez cifran la fuerza realista en 1200 hombres. Sobre el número y condición de las tropas de Rosete véase la declaración del capitán Esteban Díaz en el Expediente incoado por la viuda del capitán José Antonio García para el cobro de la pensión de Ilustre Próceres. AGN. Ilustres Próceres. Tomo XXII.p.338. El capitán Díaz señala que eran alrededor de 1200 hombres, lo que confirma el número dado por la mayoría de los testigos y memorialistas.

Entretanto, las tropas de MacGregor alcanzan la población de El Socorro, donde se les une el escuadrón *Valeroso* de las tropas de Zaraza, el cual había sido contactado por el escuadrón *Chaguaramas* y llevado a ponerse a la orden de las tropas republicanas. A partir de este momento, las tropas de MacGregor cuentan con alrededor de 150 hombres de caballería capaces de sostener combate con las fuerzas perseguidoras.[109] En este lugar las tropas se reabastecieron y quedaron en condiciones de continuar su marcha.

Combate de Quebrada Honda

En la mañana del 2 se puso en marcha la infantería y procedió a pasar el río Quebrada Honda en dirección a Santa María de Ipire, cuando se detectó una descubierta de caballería del enemigo. De inmediato se presentó el total de la fuerza realista al mando de Quero, que contaba aproximadamente con 1200 hombres, Esta situación hizo que la infantería redoblase la marcha a fin de situarse en la posición escogida por el general MacGregor para presentar combate.[110]

El cruce del río se lleva a cabo por el paso de San Vicente, circundado hacia el este, en su margen derecha, por pequeños cerros en forma de galeras, dominando el paso. Entre el valle y el camino real que sigue a Santa María de Ipire, vía de aproximación del ejército realista, hay sabana abierta, pero alrededor de éstas hay una serie de bosques y ondulaciones del

---

[109] Zaraza, Lorenzo: *La independencia*...pp. 184-185.
[110] Boletín Nº 3, San Diego de Cabrutica, 15 de agosto de 1816.

terreno con abundante vegetación que ofrecen además excelentes campos de tiro, lugar ideal para emboscadas y llamado por los lugareños "Salsipuedes".[111] Ese lugar específico fue el escogido por MacGregor para situar la infantería y presentar combate.

Las tropas perseguidoras, batallón de *Milicias de Aragua* y la compañía de cazadores de *Castilla* [112] alcanzan la retaguardia patriota en el momento de finalizar la operación de cruce de río, la cual fue sostenida por los *Dragones* desmontados y el batallón de *Cazadores*, relevados luego por el batallón *Barlovento*[113]. Durante esta operación muere su comandante, el teniente coronel Francisco Piñango[114] en el momento en que esta unidad abandona su puesto para situarse en la posición de combate donde se hallaba el resto de la infantería. Quero supone que las tropas patriotas se encuentran en situación de fuga, por lo que ordena a su caballería avanzar por la derecha e izquierda, cruzando el río y a otra unidad montada, el Escuadrón de dragones de *El Sombrero*, que cruzara el río por un paso situado media legua más arriba (2 kilómetros) y se apoderase de la salida al camino real.[115]

---

[111] De Armas Chitty, José Antonio: *Historia del Guárico*. San Juan de los Morros. Universidad Rómulo Gallegos. 1978.Tomo II p. 25; Zaraza Lorenzo: *La independencia*...p. 185-186.
[112] Rafter. M: *Memoirs*...pp. 80-81.
[113] Boletín Nº 3: loc. cit. Una operación de cruce de ríos es una operación planeada y conducida como la continuación o inicio de una maniobra táctica, sea de ataque o defensa, con el fin de poder trasponer un curso de agua.
[114] Boletín Nº 3: loc. cit.
[115] Boletín Nº 3: loc. cit. Zaraza Lorenzo: *La independencia*...p.185-186: Rafter, M: *Memoirs*...pp.80-81.

Esta unidad desemboca precisamente en las posiciones patriotas, ubicadas entre dos galeras, la de la derecha impracticable para la caballería y la de la izquierda ocupada por los patriotas. La fuerza de caballería de Quero quedó encerrada y sin poder retroceder y es objeto del fuego nutrido de la infantería patriota. Los escuadrones *Valeroso* y *Chaguaramas* al mando del teniente coronel Julián Infante, le cierran la retirada y lo cargan colocándolo en desorden. Entretanto, la infantería maniobra en el terreno a la derecha y a la izquierda y hacen fuego sobre los escuadrones de caballería realista, sin que estos puedan reaccionar debido a la naturaleza del terreno[116]. La infantería de Quero, que se encontraba cruzando el río ya crecido, perdió parte de sus armas como consecuencia del cruce y se encuentra, al pasar el rio, de frente con los escuadrones de caballería patriota quienes lo arrollan y ponen en retirada en dirección a Valle de la Pascua.

Las pérdidas de la División del Centro fueron de veintitrés (23) entre muertos y heridos y la de los realistas bastante considerable, aunque no contabilizada. Se tomaron más de 200 caballos ensillados, gran cantidad de fusiles y todos los pertrechos y equipajes. Se hicieron además 90 prisioneros, la mayoría de los cuales fueron incorporados, a la usanza de la época, dentro de los cuadros de los batallones, a fin de reemplazar las bajas.[117]

---

[116] Boletín Nº 3: loc. cit; Rafter, M: *Memoirs…* p.81.
[117] Boletín Nº 3: Loc. cit.

No se efectuó persecución sobre las tropas derrotadas no solo por el cansancio de las propias tropas de MacGregor, tal y como señala el Boletín de la jornada, sino porque la misión principal del Cuerpo consistía en establecer el enlace definitivo con las tropas de Zaraza, de quien ya se sabía su ubicación, debido a las informaciones proporcionadas por los comandantes Belisario e Infante.

Un análisis de este hecho de armas nos permite colocar sobre el tapete uno de los problemas más acuciantes para quien escribe sobre historia militar. Ante la ausencia de documentos militares fehacientes, con la sola excepción de los Boletines del Ejército del Centro, quedan disponibles para la descripción exacta de los hechos de armas, las declaraciones de testigos y la naturaleza del terreno en donde estos se llevaron a cabo.

Las remembranzas testimoniales de militares son por lo general escasas y muy parcas, lo que no permite muchas veces analizar las mismas desde la perspectiva del ángulo de visión del testigo. En el caso que nos ocupa, prácticamente no existe ninguna descripción testimonial que nos permita abordar los hechos desde esa perspectiva[118].

El caso del análisis del terreno es más preocupante aún. Tratándose de un "testigo silente", con pocas modificaciones

---

[118] Nos referimos, por supuesto, a lo que la *New Military History School* denomina la "visión personal del testigo" y está relacionada directamente con el ángulo de visión y ubicación en el campo de batalla. Véase Keegan, John: *El rostro de la batalla*, Madrid, Ediciones Ejército, 1986.

recibidas a lo largo del tiempo, llama poderosamente la atención, el escaso uso que hacen los historiógrafos que se han ocupado del tema en relación con las descripciones de los hechos de armas. El combate de Quebrada Honda, que culmina la marcha de MacGregor, es un ejemplo emblemático de esta situación.

Detectada la presencia de tropas realistas en persecución de sus unidades, ya desde el día 30 de julio en Chaguaramas, situación que le obliga a levantar el sitio en que ha puesto a las tropas realistas que se encontraban en ese lugar.

Dos días después y ante la inminencia del enganche de sus tropas por parte de las fuerzas perseguidoras, MacGregor lleva a cabo un reconocimiento del terreno circundante, ésta vez contando con oficiales llaneros prácticos y conocedores de la zona, y decide situar las tropas en el sitio de "Salsipuedes" zona llena de colinas y abundante vegetación, que impedían la maniobra de la caballería, arma de la que tenían mayor número y ventaja sus perseguidores. A tales efectos se desplaza a primera hora de día con parte de la infantería, los batallones *Honor* y *Girardot* y los escuadrones *Chaguaramas* y *Valeroso* y los ubica en la zona seleccionada para presentar combate, previo cruce del río Quebrada Honda por el paso de San Vicente. El resto de la División, es decir, los batallones *Cazadores*, *Barlovento* y los *Dragones*, quedaban haciendo la retaguardia y protegiendo el paso del río, pero con la misión de desengancharse una vez efectuado el cruce y colocarse en las posiciones predeterminadas que había señalado MacGregor. El cumplimiento de esta operación estaba a cargo del Mayor General Soublette[119]

Quero comete el error de interpretar el movimiento patriota como una huida y lanza sus escuadrones de caballería en persecución, creyendo, igualmente, que la columna de MacGregor contaba sólo con tropas de infantería, ya que ignoraba la incorporación de los dos escuadrones de caballería de las tropas de Zaraza. Creyendo copar la presunta retirada del adversario desemboca en una posición predeterminada y escogida por MacGregor para esperarlo y su caballería es víctima del fuego concentrado de la infantería adversaria, sin poder maniobrar porque el terreno y la vegetación no se lo permitían.[120]

Por azares de la guerra, en el momento en que Quero busca empeñar la infantería en el combate atravesando el río,

---

[119] Compárese el presente análisis con la mendaz descripción de Baralt (Resumen... p.335): "*MacGregor se hallaba distante de aquel sitio, porque no permitiéndole el estado de su salud caminar al paso de una tropa en retirada, se había adelantado desde muy temprano sin poder prever aquel suceso. La falta, pues, del general y el brusco ataque de los españoles (1200 en número al mando de Quero) causaron al principio alguna confusión, mayormente porque ninguno de los jefes se atrevía a tomar sobre sí el dar las disposiciones necesarias. El peligro, sin embargo, grande y común, inspiró a todos la buena idea de dirigirse a uno solo por consejo, y Soublette, hecho cargo del mando, dirigió de prisa y con acierto los preparativos del combate*".

[120] Las características de ese terreno de maniobra hacen prácticamente imposible usar el choque de los caballos como unidad compacta, base de la táctica de caballería. Coinciden en esta apreciación dos escritores, Armas Chitty y Zaraza que estuvieron en el terreno y eran conocedores de la geografía del actual estado Guárico. Quien escribe estas líneas estuvo igualmente en el terreno donde se llevó a cabo el combate y pudo constatar la veracidad de esta afirmación.

este viene crecido para el momento del pasaje, lo que causa desorden, pérdida de equipos y hasta algunos soldados ahogados. Los pocos infantes que logran cruzar son presa de la carga de los escuadrones patriotas, poniéndose en completa derrota.

Después de descansar y reorganizar las tropas, MacGregor ordena la continuación de la marcha y el día 6 de agosto entran en Santa María de Ipire, haciendo contacto con las fuerzas del general Pedro Zaraza.[121] Desde allí se dirigieron, ya sin presión alguna por parte del enemigo, a San Diego de Cabrutica, lugar elegido para establecer la base de operaciones del ejército, a donde llegan el día 10 de agosto y se encuentran con los escuadrones de caballería al mando del general José Tadeo Monagas.[122]

En este punto finaliza la marcha de MacGregor, notable desde el punto de vista militar, pues se trató de una marcha de 150 leguas (unos 600 kilómetros) a través de territorio enemigo, perseguido por fuerzas muy superiores y contando, durante la mayor parte del recorrido, únicamente con fuerzas de infantería.

Logrado el enlace con dichas tropas y estableciendo su base de operaciones en San Diego de Cabrutica, culminaba la marcha hacia el interior propuesta por Bolívar y aprobada en la

---

[121] Baralt (*Resumen*...p.335) dice que Zaraza los recibió con solo 50 carabineros. El Boletín Nº 3 dice textualmente “con toda su caballería”. O´Leary (*Memorias sueltas*...p.92) señala que la fuerza de Zaraza se componía de “3 a 4 cientos jinetes”.

[122] Becerra, Ricardo: *El General José Tadeo Monagas*. Caracas. Imp. Del Federalista. 1868 p. XII.

Junta de Guerra llevada a cabo en Ocumare. A partir de este momento se emprenderían operaciones destinadas a la liberación de la provincia de Barcelona.

General de Brigada Gregor MacGregor

La campaña de liberación de Barcelona

En San Diego de Cabrutica se instaura la base de operaciones destinada al reabastecimiento, reorganización, encuadramiento e instrucción de las unidades de infantería y caballería. Durante el lapso de quince días se llevan a cabo estas tareas y el día 25 de agosto la División del Centro, con las tropas de Monagas y Zaraza incorporadas en pleno, parte con destino a Aragua de Barcelona El objeto fundamental de ese movimiento era el de ocupar la villa de Aragua de Barcelona, a fin de establecer una línea de operaciones sobre la ciudad de Barcelona y, por otra parte, impedir la reunión de los cuerpos del ejército realista que iban en persecución de las tropas de MacGregor desde su salida de Ocumare.[123]

Acción del Alacrán

Habiéndose efectuado esta marcha, en plena estación lluviosa, le correspondió a la División desplazarse en una ruta llena de sabanas inundadas y ríos y quebradas crecidas por lo que la marcha se hizo lenta y dificultosa, llegando el 3 de septiembre al sitio de Guatacaro a 10 millas (40 kms) de El Chaparro. En este lugar, MacGregor recibe noticias de la concentración de las tropas de Morales en Chaguaramas, el cual había reunido los dispersos de Quebrada Honda al mando de Quero y recogido las tropas de guarnición de aquel lugar[124].

Esta información determina al mando de las tropas independentistas a contramarchar hacia el Chaparro, lugar donde se encontraban las fuerzas al mando del teniente coronel Rafael López, las cuales se encontraban de guarnición en ese lugar, a fin de impedir la reunión de éste con Morales, forzándolo

---

[123] Boletín Nº 4: Loc. cit.

[124] Oficio del Brigadier Francisco Tomás Morales al Capitán General Salvador de Moxó, fechado en Chaguaramas el 24 de agosto de 1816, en Archivo del Conde de Cartagena. Real Academia Española de la Historia de Morales en Chaguaramas. **Sig. 9/7661, leg. 18, a), ff. 74-74v.**

a dar batalla en condiciones desventajosas, debido a la inferioridad de su infantería.[125]

López, al tener noticias de la aproximación de las tropas de MacGregor, decide abandonar sus posiciones fortificadas establecidas en El Chaparro e inicia la persecución en la creencia de que las tropas independentistas huían hacia el norte, cuando, por el contrario, esa era la ocasión esperada para batirlo antes de que pudiese reunirse con Morales.

A tales efectos, las tropas de MacGregor acampan la noche del 5 de septiembre en un sector cercano a El Chaparro, denominado colinas del Alacrán o de Los Alacranes, como también se le conoce. Se trata de un terreno constituido por pequeñas elevaciones sinuosas de baja altura, típica de los llanos orientales, que forman pequeños repechos entre una y otra con bosques de chaparral en los costados de cada elevación. En esa área, las tropas independentistas esperan a las tropas realistas que vienen en persecución. [126]

---

[125] Boletín Nº 4: Loc. cit.

[126] Baralt (*Resumen*...p.338) y Lecuna afirman que las tropas acamparon en formación de batalla, lo cual no sólo era y sigue siendo impracticable, sino que además no existe testimonio alguno que lo confirme. El Boletín Nº 4 nada dice al respecto. Acampar a 1200 hombres en formación de combate es sencillamente un despropósito militar, que no era recomendado por ningún tratado coetáneo de castrametación de la época. Para un ejemplo, véase Ferraz, Vicente: *Tratado de Castramentación, o Arte de Campar, dispuesto para el uso de las reales escuelas militares*. Madrid, en la Imprenta Real.1800 o Barón de Thiebault: *Manual de los ayudantes generales y adjuntos empleados en los Estados Mayores Divisionarios de los Ejércitos*. Traducido del francés al castellano por el ciudadano Liborio Mexia, del Batallón de Conscriptos de la República de Antioquia. Santa Fe.

A las 6 de la mañana del día 6 de septiembre, las avanzadas de seguridad, informan al mando patriota que las tropas realistas ocupan las alturas del Roble, a unas 2 millas de distancia (8 kilómetros), por lo que se procede a organizar las fuerzas para el combate.

Según lo establecido por el Boletín Nº 4 y repetido por Baralt, Restrepo y Lecuna, las fuerzas quedaron organizadas con el ala izquierda del dispositivo a cargo del general Zaraza y sus tropas, el centro constituido por las unidades de infantería a cargo del teniente coronel Pedro León Torres, con la adición de dos piquetes de flecheros caribes al mando de los caciques Manaure y Tupepe, y el sector de la derecha a cargo de las tropas del general Monagas. La incorporación de nuevas tropas por la vía del reclutamiento y el encuadramiento forzoso, permitieron también establecer una unidad de reserva, la cual se puso a cargo del teniente coronel Ricardo Mesa[127].

Imprenta de Nicomedes Lora. 1815, en uso en el ejército patriota durante esa campaña.

[127] Boletín Nº 4, Aragua de Barcelona, 8 de septiembre de 1816; Baralt: *Resumen*...pp. 337-338.; Restrepo: *Historia*...p.354; Vélez: *Rasgos*...pp 40-41. Resulta necesario referirse a la forma en que se describen la mayoría de las acciones militares de la independencia. Por falta de datos o por negligencia al investigar, no se describen las unidades militares que participan en determinado combate o batalla y se limitan a describir los sectores de acción, con la nomenclatura de izquierda, derecha y centro, dispositivo, que, si bien permite una descripción somera del hecho de armas, no proporciona detalles acerca de la forma como el mismo se desarrolló. Por otra parte, esa nomenclatura fue abandonada con las reformas militares de Broglie, Bourcet y Guibert, en los años previos a la revolución francesa. Sobre este punto particular véanse Gat, Azar: *The Origins*...Ob.cit; Howard, Michael: *La guerra en la historia europea*. México. FCE.1983 y

Al no disponer de datos confiables acerca de las unidades que participaron en la batalla, la reconstrucción de estas debe hacerse tomando en cuenta las hojas de servicio de los que actuaron en este combate y utilizando las descripciones de las unidades que participaron en la posterior Batalla de El Juncal.

Así, el sector izquierdo del dispositivo de combate de las tropas independentistas en el Alacrán estaba constituido por los escuadrones, *Valeroso, Chaguaramas* y *Alto Llano* al mando del general Pedro Zaraza; en el sector del centro se encontraba la infantería llevada por MacGregor desde Ocumare y puesta al mando del teniente coronel Pedro León Torres con los batallones *Girardot, Cazadores* y *Barlovento,* más dos piquetes de flecheros caribes pertenecientes a las tropas de Zaraza [128]; el sector izquierdo se encontraba al mando del general José Tadeo Monagas compuesto por los escuadrones *Lanceros de Maturín, Santa Ana* y *Restaurador.* La reserva, al mando del coronel Ricardo Mesa estaba constituida por el batallón de *Honor,* el escuadrón *de Dragones* y los soldados recién reclutados y encuadrados.

Rothemberg, Gunther: *The Art of warfare in the Age of Napoleon.* Bloomington. Indiana University Press.1978.

[128] Los caciques Manaure y Tupepe habían servido bajo las órdenes de Monagas hasta la derrota de éste a manos de López en el combate de El Punche, el 30 de junio de 1816, cuando, disgustados con este jefe, pasaron a servir bajo las órdenes de Zaraza y es éste quien los conduce a la acción del Alacrán. Véase Zaraza, Lorenzo: *La independencia...* pp. 191-192 y Parejo, Vicente: *Relación de los acontecimientos más notables ocurridos en las provincias de Barcelona y Guayana desde diciembre del año 1814*, en Boletín de la Academia Nacional de la Historia. Año XII, Nº 21. Caracas, 6 de julio de 1923 pp. 1077-1078.

A las 11 de la mañana, las tropas realistas comienzan a dejarse ver en el área de batalla y son objeto de reconocimiento por parte de los escuadrones patriotas. Monagas por la derecha y el coronel Julián Infante por la izquierda son los encargados de efectuar esa operación a fin de informar acerca del número y calidad de la fuerza atacante.[129]

Una unidad de cazadores realistas toma posiciones en un pequeño bosque frente a la derecha patriota, formando su línea de batalla delante del mismo, ocupando su infantería el centro, reforzada, al igual que los patriotas, por dos unidades de flecheros caribes y cubiertas sus alas con caballería Al frente de la infantería colocaron un cañón de a 4.[130]

Inmediatamente, otra unidad de cazadores españoles intenta apoderarse de un bosque de chaparrales ubicado entre ambos ejércitos, a lo cual responden los cazadores de los batallones *Girardot* y *Barlovento*, dándose inicio al combate.[131]

---

129 Boletín N°4: Loc. cit.

130 Ibídem. La escasa información disponible sobre las tropas al mando de López, le dan unos efectivos alrededor de los 1500 hombres, tamaño muy similar al ejército republicano. Todas las tropas estaban encuadradas en la llamada *Columna Volante de Cumaná,* que incluían uno de los batallones de infantería del *Regimiento del Rey* y varios escuadrones de caballería. No hemos podido determinar sus nombres.

131 Ibídem. Baralt (*Resumen...* p.338), sin documentación en que apoyarse, afirma que *"llegó la condescendencia de los patriotas al extremo de consentir que montasen dos piezas de a 4 que conducían sobre acémilas, sin que entre tanto se hiciesen por los combatientes otras demostraciones hostiles que algunas escaramuzas de tropas ligeras en el comedio de sus posiciones."*, pero el boletín N° 4 solo señala la presencia de un solo cañón de este tipo en las fuerzas de López. ¿de dónde habrá sacado Baralt el cañón restante?

La distancia entre ambas fuerzas era muy pequeña, alrededor de unas 600 varas castellanas (550 metros)[132]

Al generalizarse el combate entre las unidades de cazadores, el general MacGregor ordena avanzar la línea de batallones de infantería y al encontrarse a distancia de tiro de fusil (unos 50 metros) recibe una descarga general de la infantería enemiga, respondiendo igualmente con una descarga de fusilería, cambiando de inmediato la formación a columna para ordenar el ataque a la bayoneta, el cual se efectúa a paso acelerado, mientras el general Zaraza con sus escuadrones de caballería ataca el flanco derecho del adversario.[133]

Este movimiento causó que la caballería enemiga se replegara sobre su propia infantería buscando protección y desordenando sus líneas, circunstancia que aprovecha MacGregor para ordenar una carga frontal a la bayoneta por parte de los batallones de infantería patriotas, ya formados en columna, mientras que simultáneamente el general Monagas atacaba con sus escuadrones la izquierda realista, provocando la completa derrota del enemigo[134].

---

[132] Baralt: *Resumen*...p.338.

[133] Boletín Nº 4: loc. cit.

[134] Ibídem. En dicho Boletín se señala que la carga fue dirigida personalmente por el general MacGregor tomando la bandera del batallón *Barlovento*. Recuérdese que dicho batallón estaba sin su comando natural, por haber muerto su comandante el teniente coronel Francisco Piñango en el combate de Quebrada Honda. Eso refleja lo que Keegan ha denominado como liderazgo en batalla. Véase Keegan, John: *la máscara del mando.* Madrid. Turner libros. 2015. La descripción del Boletín está avalada por un testigo presencial, el soldado Julián López, asistente personal de MacGregor quien dejó testimonio oral

La carga de las tropas patriotas y el consiguiente desorden en las filas adversarias trae como consecuencia que, debido a la naturaleza del terreno, la vía de escape de las tropas realistas se encuentre obstaculizada por una laguna, lo cual le impide a la mayoría de los infantes sobrevivientes escapar del área de combate, quedando prisioneros alrededor de 300 hombres[135]. Igualmente se tomaron alrededor de 300 fusiles y carabinas, un cañón, pertrechos, abastecimientos y una madrina de caballos, lo que contribuyó en mucho a paliar la escasez de recursos para continuar con las operaciones. El teniente coronel Rafael López con un pequeño número de sus tropas, alrededor de 300 hombres, escapa en dirección a Barcelona.[136]

El ejército realista tuvo alrededor de 500 muertos, la mayoría de ellos en la explotación del éxito[137]mientras que los

---

sobre el hecho, recogido por Zaraza: *La Independencia*....ob.cit. pp. 192-193.

[135] 300 prisioneros es el número que da el Boletín Nº 4 pero Baralt (ob. cit. p.339) señala solo entre 80 y 90 prisioneros, de nuevo sin documentación en que apoyarse. Vélez, en sus memorias, dice que 90 de los prisioneros fueron incorporados a su batallón. Vélez: *Rasgos*...p. 41.

[136] Boletín Nº 4: Loc. cit.

[137] Se entiende por explotación del éxito, la fase del combate en la que se produce la ruptura del dispositivo del adversario y se produce el consiguiente desorden en sus formaciones. Allí se abandona la cohesión de las líneas o columnas y queda el combatiente a su suerte individual. Para la época, era la fase en que se producía la mayor cantidad de bajas en los combates, de allí la desproporción entre las pérdidas de vencedores y vencidos. Para un análisis a fondo de estas circunstancias véase Keegan: *El rostro de la batalla*...ob.cit.

patriotas apenas tuvieron cuatro muertos y cuarenta heridos, entre ellos doce oficiales[138]

Al anochecer las tropas ocupan la población de El Chaparro y ese mismo día el general MacGregor ordena al general Monagas que con dos escuadrones y una compañía de infantería fuese a ocupar a Aragua de Barcelona, mientras que al general Zaraza se le ordenó dirigirse con parte de su caballería hacia Santa maría de Ipire en misión de reconocimiento y observación de las tropas de Morales, de quien se tenía conocimiento habían llegado a ese lugar en persecución de las tropas independentistas.[139]

En este punto resulta necesario referirse a unas apreciaciones que hace Baralt sobre el particular. En efecto, al referirse a la actuación de Zaraza señala:

" Sabíase que el general Morales se acercaba con una fuerte división de infantes y jinetes, y aunque se contaba con que Zaraza se incorporaría sin perder de vista a los españoles, túvose

---

[138] Boletín Nº 4. Debido a la naturaleza de la carga frontal, y a la forma de ejercer el mando en combate por parte del ejército patriota, es decir con el ejemplo del arrojo, los tres comandantes de batallón Briceño de *Cazadores*, Encinoso (segundo comandante del *Barlovento*) y Vélez de *Girardot*, resultaron con heridas en el combate, los dos primeros de gravedad, por lo que no pudieron estar presentes en combate durante el resto de la campaña. Véanse Relación *Documentada y jurada de los servicios del general de División Justo Briceño*, en Archivo General de la Nación: *Vida y papeles de Justo Briceño*...Ob.cit.; Expediente del coronel Mauricio Encinoso. AGN. Ilustres Próceres. TomoXXV, pp.138-160 Vélez: *Rasgos*...p.41.

[139] Boletín Nº 5. En la copia conservada en el Archivo Restrepo se lee claramente J. T. Monagas, mientras que en la transcripción de O'Leary se anota J. G. Monagas. Sin duda se trata de José Tadeo Monagas, pues su hermano José Gregorio era para la época teniente coronel.

por fin noticia de la llegada de éstos al pueblo del Pilar, distante seis leguas de Barcelona, sin que el caudillo patriota apareciese.

Había en efecto preferido quedarse a retaguardia de los enemigos; inconsideradamente, porque allí no hacía nada, y en la posición de sus compañeros cualquier aumento de fuerza era interesante."[140]

Genneral de Brigada Pedro Zaraza

[140] Baralt: *Resumen*... p.340.

En este sentido, dicha apreciación no sólo es injusta sino también equivocada, puesto que la misión de observación y reconocimiento ordenada al general Zaraza implicaba la tarea deducida de enfrentarse a cualquier partida realista que tuviese su misma misión en el territorio asignado. Zaraza por su parte, señalaba que:

"Por septiembre en El Alacrán batimos al coronel López: acompañé a su división y se me destinó a batir al español Vegas y a Rondón, y lo conseguí e hice retirar todos los godos que había en Chaguaramas hasta Orituco"[141]

Por otra parte, Zaraza parte a cumplir dicha misión con el escuadrón *Carabineros del Alto Llano*, su guardia personal, dejando los escuadrones *Valeroso* y *Chaguaramas* a la orden del general MacGregor, encontrándose ambas unidades posteriormente en la batalla de El Juncal, por lo que las observaciones de Baralt carecen de fundamento, tanto militar como histórico.

El día 7 de septiembre la División del Centro continúa su marcha hacia Aragua de Barcelona donde entran al día siguiente y siguen hacia El Carito, arribando el día 11 y al día siguiente a El Pilar, donde recibe la información de la evacuación de Barcelona el día 9 de septiembre por parte de las tropas que

---

[141] Zaraza, Pedro: *Apuntes del general Pedro Zaraza para el doctor Cristóbal Mendoza* (1824) en De Armas Chitty José Antonio: *Historia del Guárico*. San Juan de los Morros. Universidad Rómulo Gallegos.1978. Tomo II. p. 273.

guarnecían a esa ciudad.[142]

Mientras las tropas de MacGregor avanzaban hacia Barcelona, en esta ciudad al ser evacuada por López, un grupo de habitantes, patriotas decididos, se habían declarado partidarios de la independencia sin esperar la entrada de las fuerzas amigas a la ciudad.

El teniente coronel Rafael López, que se encontraba cerca de la ciudad en retirada a Píritu, tras la derrota del Alacrán ingresa en la ciudad haciéndose pasar por tropas patriotas y procede a reprimir brutalmente ese conato de independencia, asesinando a parte de la población, cuya mayoría abandona la ciudad y se refugia en montañas y campos aledaños.[143]

Al tener noticias de esos hechos, el general MacGregor ordena al general Monagas que con parte de la infantería y un escuadrón de carabineros intentase perseguir a López por el camino de San Miguel, a fin de cortar su retirada a Píritu y el día 13 de septiembre las tropas republicanas ocupan a Barcelona.[144]

---

142 Boletín Nº 5, Barcelona, 15 de septiembre de 1816. Baralt (*Resumen*... p.339) dice que López evacuó la ciudad el día 12, lo cual es un error evidente, pues en la vía a Píritu, destino final de su movimiento, forzosamente ha debido encontrarse con la vanguardia de las tropas de MacGregor pues el pueblo de El Pilar queda situado en esa dirección de avance.

143 Baralt: *Resumen*...p.339; *Memorias del capitán Demetrio Lobatón* en Sánchez, Manuel Segundo: *Obras*. Caracas. Banco Central de Venezuela.1964. p.450.

144 Boletín Nº 5: loc. cit.; Baralt: *Resumen*...p.339; Yanes, Francisco Javier: *Historia de la Provincia de Cumaná*...p. 189.

Entretanto, Monagas el día 14, atacó las fuerzas de López que se habían retirado a la población de Píritu, dispersando a los 400 hombres que componían ese destacamento y recuperando parte de los bienes saqueados por los realistas en su incursión a Barcelona. Se hicieron varios prisioneros, se capturaron un cañón y muchas armas y pertrechos y por primera vez en la campaña se permitió a las tropas el derecho a saqueo.[145]

General de Brigada José Tadeo Monagas

[145] Boletín N° 6, Barcelona, 16 de septiembre de 1816. Baralt (*Resumen*...p.339) habla de 70 muertos por parte de las tropas de López. Ignoramos de donde obtuvo esos datos, que no figuran en el citado boletín.

En Barcelona, la División del Centro, procede a establecer una nueva base de operaciones que permitiese, tanto la comunicación con la Isla de Margarita, parcialmente en manos de las fuerzas patriotas al mando del general Juan Bautista Arismendi, y establecer enlace con las fuerzas de los generales Mariño y Piar, que se encontraban operando en el oriente del país. La posesión de la ciudad de Barcelona y la fortaleza del Morro, que aseguraba la bahía de Pozuelos, permitía la recepción de armamento y municiones desde la a isla de Margarita, lo cual comienza a llevarse a cabo de forma inmediata.

Igualmente, se procedió a aumentar, organizar y ejercitar los batallones de infantería, completar el armamento de la caballería y poner en servicio las piezas de artillería de campaña. Igualmente organizaron un batallón de nueva creación denominado *Barcelona*, al mando del teniente coronel Miguel Borrás.[146]

Mientras esto sucedía, durante los días 21, 22 y 23 de septiembre se recibieron en Barcelona avisos de la llegada de las tropas de Morales a Aragua de Barcelona y su marcha sobre la

---

146 Boletín Nº 7, Barcelona 29 de septiembre de 1816 (la fecha no está especificada en las diversas reproducciones del presente documento. Fue hallada por nosotros en el Archivo Restrepo de Bogotá (vid. Infra.); Baralt: *Resumen*...p.340; El batallón *Barcelona* no aparece en las posteriores relaciones de la campaña, pero si figura en el diario de Operaciones de Piar en fecha 22 de octubre de 1816, cuando es fusionado con el *Girardot* para crear el batallón Conquista de Guayana. Véase Diario de Operaciones del general Manuel Piar, en O´Leary: *Memorias*... Tomo 15. pp. 100-114. La circunstancia descrita aparece anotada en las novedades del día 24 de octubre de 1816.

población de El Carito[147].

De igual manera se comisiona al coronel Ricardo Mesa, aparentemente un especialista en operaciones de reconocimiento y enlace, para que partiese hacia la región aledaña a Cumaná, a fin de hacer contacto bien con las tropas de la División denominada del *Llano*, al mando del general Manuel Carlos Piar, con el fin de solicitar su auxilio para hacer frente a las tropas realistas que se aproximaban a la ciudad[148]

La división denominada del Llano, había iniciado sus operaciones en el mes de junio, saliendo en barco desde Guiria y penetrando por el río San Juan, desembarca en la región de Punceres, vía Maturín. En esa población, entra en contacto con los generales Andrés y Francisco Rojas, quienes desde 1815 operaban en las zonas aledañas a esa población, organizando un batallón de infantería denominado *Inmortal Maturín* y los escuadrones de caballería *Dragones Invencibles y Carabineros.*[149]

---

[147] Boletín Nº 7.

[148] Boletín Nº 7. Obsérvese que la misión encomendada a Mesa es el enlace con las tropas de Piar y no con las de Mariño, situadas más al este, tal y como sugieren Lecuna y Baralt.

[149] El Diario de Operaciones del Ejército de Piar, que se encontraba en el Archivo Nacional, fue trasladado completo al Archivo del Libertador y allí solo se halla la segunda parte del mismo, que comienza en la página 51 en adelante, justo después de la batalla de El Juncal. Esa parte se encuentra publicada en O´Leary: *Memorias…*ob. cit. Tomo 15, pp.100-114. Seguimos, por lo tanto, la narración del general Francisco Mejía, quien se la comunicó al Dr. Ildefonso Riera Aguinagalde, que la incluye en la biografía del general Mejía y redactada en vida del Prócer. Tanto Mejía como Riera fueron ministros en el gabinete del general José Tadeo Monagas, en su último gobierno producto de la llamada Revolución Azul de 1868. Véase Riera Aguinagalde Ildefonso: *Biografía*

Desde esa ciudad, Piar y sus tropas se dirigen hacia San Antonio de Maturín, tramontando las estribaciones de la cordillera de la Costa y sale a Cumanacoa, después de haber batido a las fuerzas españolas que guarecían esa región en los sitios de Corocillo y La Fantasma[150]

Tomando la vía de Arenales, las tropas de Piar llegan a la quebrada de Ortiz, lugar situado a 3 leguas de Cumaná y allí establecen campamento a mediados de septiembre, con el fin de emprender operaciones sobre esa ciudad. Unos días más tarde se desplaza por la vía de San Juan de Macarapana hasta llegar al sitio de Los Bordones, donde organiza campamento a fin de hacer enlace con las tropas de Mariño y colaborar con éste en el sitio de Cumaná.

El coronel Mesa llega el 24 de septiembre al campamento de Piar, ubicado en la sabana de Bordones en las cercanías de Cumaná y plantea la situación de peligro en que se hayan las fuerzas patriotas en Barcelona. Piar, en consecuencia *"conferencia al instante con su secretario el Dr. Francisco Esteban Ribas y su Jefe de Estado Mayor general Pedro M. Freites, quienes opinan porque no debía perderse tiempo en marchar a Barcelona. Diéronse, pues, las ordenes*

---

del General Francisco Mejía. Ilustre Prócer de la Independencia Suramericana. Centro de Historia Larense. Tip. El Nuevo Heraldo. Barquisimeto, 1944. (sobre la edición de1874). Nosotros usamos la reedición del Ministerio de la Defensa de 1998. p.50.

150 Riera Aguinagalde: *Biografía del general Mejía...* pp.48-49.

correspondientes y en el acto la división se puso en camino por la costa"[151]

El mismo día, en horas de la tarde entra Piar a Barcelona, conducido en una flechera[152] y al día siguiente entra a esa ciudad la División del Llano, compuesta del Batallón *Inmortal Maturín* y el Escuadrón *Dragones Invencibles*, para un total aproximado de 500 hombres[153]. Esa división, reunida a la del Centro *"no formó ya más que un cuerpo con esa última denominación y bajo las órdenes del general Piar"*[154].

En consecuencia, no se trataba de la unión temporal de fuerzas patriotas al mando de distintos generales y diferentes objetivos sino de un ejército bajo un solo comando, el del General Manuel Carlos Piar, quedando MacGregor como segundo jefe y Soublette en el cargo de Ayudante General de dicho ejército.

El día 26 a las tres de la tarde, las avanzadas del ejército patriota informaron que las tropas realistas, al mando de Morales se encontraban apostadas en la llanura de El Juncal y tomaban posiciones de batalla en el lugar, por lo que de inmediato se

---

[151] Boletín Nº 7: loc. cit; Relato del General en Jefe Francisco Mejía, incluido en *Apuntes estadísticos del Estado Cumaná.* Caracas. Imprenta Federal. 1875. p.83; Véase también Riera Aguinagalde, Alfonso: *Biografía del general Mejía...* p.50.

[152] Flechera: Embarcación ligera de guerra, usada en Venezuela, de forma de canoa con quilla, movida por canaletes, antiguamente montada por indios armados con flechas, de donde proviene su nombre.

[153] Tomamos el nombre de las Unidades de los expedientes de participantes en la batalla, que reposan en el Archivo general de la Nación. Caracas, Venezuela, sección Ilustres Próceres y del Boletín Nº 7 del Ejército del Centro.

[154] Boletín Nº 7: Loc. cit.

procedió a dar las órdenes de movimiento y el Ejército del Centro inició su marcha táctica hacia esa localidad, llegando al anochecer y acampando en unas colinas ubicadas a media legua de la posición del enemigo[155].

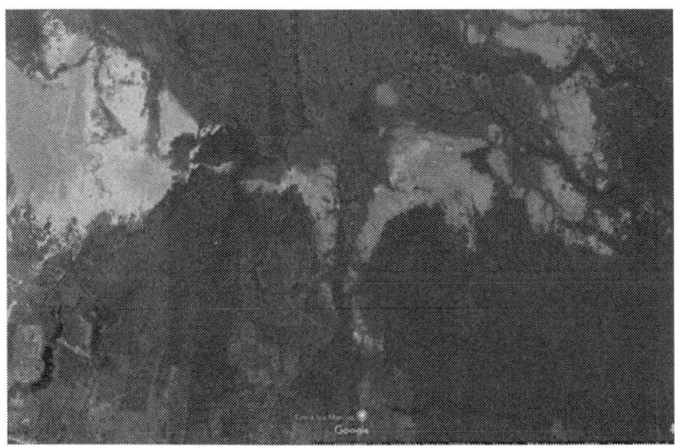

Área general de la batalla de El Juncal. Google Maps. Agosto 2019.

155 Ibídem

General de División Manuel Carlos Piar

CAPITULO 3

BATALLA DE EL JUNCAL

EL TERRENO

Como hemos señalado con anterioridad, las batallas de la independencia en las que no participa Simón Bolívar, apenas si alcanzan alguna atención por parte de la historiografía acerca de esa época. En el caso que nos ocupa, la batalla de El Juncal, ni siquiera se ha podido determinar con certeza el área específica donde se llevó a cabo ese hecho de armas.

Los primeros autores en escribir sobre la cuestión, Baralt, Restrepo y Austria señalan que se trata de un sitio ubicado a cuatro leguas de Barcelona, en "una llanura salitrosa que se extiende hasta el mar, cortada de montecillos en varias direcciones" y que se encuentra delante de una montaña cubierta de árboles.[156] Esa descripción, vaga por lo demás, no nos permite establecer con precisión el lugar exacto del hecho de armas.

Los memorialistas y testigos no son tampoco de mucha utilidad para establecer el sitio con certeza. El Boletín Nº 7 del

---

[156] Idéntica descripción del sitio de la batalla en los tres autores citados y en Vélez: Rasgos...p. 42 y Austria: *Bosquejo*...pp. 478-479.

Ejército del Centro señala que las tropas de Morales se encontraban "dentro de un bosque cubierto de malezas"[157]

Juan José Conde, que servía para el momento de la batalla como soldado en el ejército realista dice que el lugar se encontraba ubicado al principio de la sabana desde Barcelona, con los flancos cubiertos por algunos matorrales y formado en tres columnas de infantería y que "la espalda de su línea estaba bien cubierta por una pequeña altura de tupidos árboles y al pie un pantano que impedía cualquiera maniobra de caballería[158]. Además, por su retaguardia se llegaba hacia las picas y caminos de recuas que conducían a través de colinas boscosas a la población de San Bernardino.

O´Leary señala que uno de los flancos de la posición realista se encontraba defendido por un bosque[159].

Ricardo Becerra, quien escuchó la narración del hecho de armas seguramente de boca de Soublette (abuelo de su esposa) y de Monagas (de quien era secretario particular) señala que las tropas de Morales se hallaban situadas en un bosque de difícil acceso con formación en frentes de media compañía, en

---

[157] Boletín Nº 7: loc. cit.

[158] Conde, Juan José: *El capitán Juan José Conde, subalterno del general Piar y testigo presencial de su ejecución, hace una relación minuciosa y circunstanciada del carácter, méritos y servicios de su general y también de todo lo ocurrido en su capilla y 'últimos momentos de la vida del benemérito héroe de San Félix.* Apuntes del Capitán Conde. Maracaibo 10 de abril de 1839, en Blanco y Azpurúa: *Documentos*... Tomo VI. pp. 101-102.

[159] O´Leary. *Memorias sueltas*...p. 95.

columna.[160]

Algunos otros autores, sin documentación en que apoyarse, señalan sitios distintos. El coronel Ramón Hernández Armas, quien no estuvo presente en Venezuela para la época de este suceso, señala que la acción se llevó a cabo en todo el centro de la sabana de El Juncal.[161]

El punto, apenas si ha llamado la atención de los escritores modernos. Sólo Lucas Guillermo Castillo Lara y Machado Guzmán se refieren al particular, ubicando ambos el área de batalla a orillas del mar. El primero, sin dar referencia alguna, ubica el área de la batalla en un lugar entre Píritu y Clarines. Por su parte, el general Machado Guzmán ubica la acción en el sitio de Hoce, mejor conocido como Jose, específicamente donde hoy se encuentra ubicado un complejo petroquímico[162].

Al no tener certezas acerca del sitio exacto en que se desarrolló la batalla, se hace necesario recurrir a las técnicas de

---

160 Becerra: El *general Monagas*... p. XIV.

161 Hernández Armas, Ramón: *Defensa e impugnación contra el papel titulado Idea sucinta que del carácter y disposición militar del Mariscal de Campo Don Miguel de La Torre, a dado a la prensa el coronel Don Sebastián de la Calzada. Instruida por D. Ramón Hernández, Auditor de Guerra y Marina del Apostadero de Puerto Cabello y Honorario de Departamento*. Puerto Rico, año de 1823.Oficina de Gobierno, a cargo de D. Valeriano Sanmillan. en Anuario vol. II Instituto de Antropología e Historia, Facultad de Humanidades y Educación, Universidad Central de Venezuela, Caracas. Años 1967-68 y 69. P. 1061.

162 Castillo Lara, Lucas: *Los olvidados próceres de Aragua*. Caracas. ANH.1993. pp.183 y 385: Machado Guzmán, Gustavo: Historia gráfica de la guerra de Independencia de Venezuela. Caracas. Marvin Klein. 1998.p.171

investigación historiográfica propias de la Historia Militar. El análisis documental y cartográfico señala que el sitio exacto de la batalla ha de tener las siguientes características:

- Ubicado a cuatro leguas de Barcelona (unos 16 kilómetros).[163]
- En un área salistrosa ubicada inmediatamente a la salida de un sector montañoso.
- Que dicha área esté cubierta de vegetación típica de la zona (arbustos y chaparrales).
- Que tenga la extensión suficiente para que haya podido caber en ella un número aproximado de 2000 personas ubicadas en columna de 16 de frente, con una separación de un metro entre hombre y hombre.
- Que tenga su retaguardia cubierta por una elevación.
- Que su frente tenga un terreno inundable (o pantanoso).
- Que uno de sus flancos, al menos estuviese cubierta por un bosque.

Revisado el sector geográfico, en base a esas características, resulta la existencia de una sola área en que se cumplen todas ellas. Se trata de un sector ubicado al norte de la actual autopista a Oriente, un poco más arriba de la actual Finca Los Marcos. Nosotros sostenemos que esa es el área de batalla,

---

[163] Me refiero a la distancia existente entre el casco de la vieja ciudad hasta el sitio de la batalla. Agradezco al coronel de infantería Gustavo Fuenmayor la precisión correspondiente.

por ser la única que contiene todas las características señaladas por testigos y memorialistas.

LA TÁCTICA

Cuando en 1792 el Comité de Salud Pública francés se vio amenazado por los ejércitos de la primera coalición, hubo pocas oportunidades para experimentar con doctrinas militares formales por lo que los ejércitos de la Revolución, reclutados mediante el expediente de la *Levée en Masse*, se vieron precisados a combinar el profesionalismo del *ancien régime,* basado en las reformas de 1775 y 1791 llevadas a cabo de conformidad con las teorías de Guibert y Bourcet (creador del concepto de División), con el entusiasmo de la *Nación en Armas*, expediente revolucionario mediante el cual los mandos del nuevo ejército con Lazare Carnot a la cabeza introducirían el concepto del " hombre que lucha por la libertad" en las filas del Ejército. De esta forma, la combinación de tiradores emboscados y gruesas columnas de ataque a la bayoneta se convertirían en la forma normal de luchar. De allí la necesidad de integrar en el ejército de operaciones a unidades especializadas en tiro y ataques de flanco, tales como cazadores, tiradores, flanqueadores y voltígeros.

Por otra parte, el combate entre unidades de infantería adquiriría nuevas dimensiones. Se trataba de combatir en formaciones compactas, bien sea en línea o en columna, en las que el combatiente individual se encontraba encuadrado en una masa que respondía a determinadas evoluciones tácticas, conocidas como orden de batalla cerrado por tratarse de agrupaciones compactas de combatientes que maniobran en conjunto como si fuesen un solo cuerpo geométrico. De allí, surgirían tres maneras de actuar o tres tipos de formaciones tácticas que podían presentarse entre esas unidades compactas en el campo de batalla.

El primer tipo era el de formaciones basadas en el choque, es decir, columnas contra unidades dispuestas en línea para hacer fuego. La segunda variante es entre unidades en línea dispuestas ambas a hacer fuego una contra la otra. Otra de las variantes es entre unidades en columna dispuestas al choque, prescindiendo del fuego y finalmente la formación de línea contra línea en actitud de choque. El combate de infantería se llevaba a cabo entre unidades compactas, con exclusión de lo individual, bajo el humo de pólvora negra y el estruendo de los fusiles, en espacios relativamente pequeños, lo que plantea un escenario que poco o nada tiene que ver con el combate de infantería contemporáneo, salvo los aspectos propios del individuo en batalla como son el miedo, la ansiedad y el stress. Esta condición, existente desde la Guerra de los Treinta Años hasta la aparición de la pólvora sin humo y las armas de retrocarga, condicionaban tanto las formaciones de combate como las comunicaciones entre unidades y los uniformes de las tropas, los cuales eran coloridos y vistosos a fin de compensar la falta de visibilidad y lograr el mantenimiento del comando y control en el campo de batalla.

Por otra parte, el escaso alcance y la falta de precisión de las armas de infantería (rifles y fusiles), implicaba un fuego sobre masas y no sobre individuos por lo que la puntería individual se dirigía al cuerpo como un todo y no a un blanco determinado.

El tercer aspecto para considerar es el combate entre unidades de caballería. A pesar de las descripciones épicas y los cuadros realizados para rememorar tales hechos heroicos, que retratan esos enfrentamientos suponiendo el encuentro de densas columnas o líneas de caballos marchando a gran velocidad rumbo al choque con el enemigo, en realidad, dadas las características irregulares del terreno en la gran mayoría de los campos de batalla, las formaciones de caballería tendían a ser mucho menos densas que lo que se supone y las velocidades de carga mucho menores, por lo general al pasitrote y no al galope. Por otra parte, la caballería venezolana, conforme a su experiencia de combate prefería la lucha en grupos pequeños o piquetes, lo que se llamaba la carga al "ternejal", el cual muchas veces concluía en una serie de luchas individuales entre jinetes. En el caso de la caballería ligera (Húsares, Cazadores) o polivalente, (Dragones), las partes más adelantadas de cada línea estaban separadas por unos pocos metros y constantemente en movimiento, cabalgando hacia delante y hacia atrás, disparando sus carabinas o sus pistolas y volviendo a cargar siempre en movimiento. La caballería de línea, en cambio, dependía más del choque en grupos y de los combates individuales.

El combate entre caballería e infantería constituye otro elemento de análisis a ser considerado. En este tipo de combate se llevaban a cabo las cargas de caballería para romper las formaciones del adversario y generalmente se hacían tomando el flanco o la retaguardia de las formaciones enemigas. En esos casos la infantería no tenía, ni individualmente o en grupo, muchas posibilidades de resguardo, por lo que dependían del auxilio de su propia caballería para protegerse. Si no era así, el daño recibido era considerable, tanto por la ruptura del dispositivo propio como por la dispersión y desorden que ocasionaba las mayores pérdidas de vidas durante la fase de persecución en la que los infantes, bien en grupos pequeños o individualmente eran atacados por la espalda. De allí las desproporciones de bajas entre vencedores y vencidos durante la época.

El ataque se realizaba desde el orden de batalla o la columna doble de ataque, en que el batallón formaba en columnas con frente de dos compañías.

La formación en columna era para atacar una trinchera o posición de terreno muy accidentado, o cuando solo se podía desembocar en la posición enemiga por una o dos avenidas y para realizar contraataques.

El ataque de esas columnas se complementaba con la acción de lo que en la época llamaba tropas intermedias. Estas eran unidades ligeras desplazadas en guerrilla (compañías de cazadores) que apoyaban con fuego a las columnas para permitirles avanzar rápidamente y asaltar a la bayoneta.

El fuego por compañía solo era adecuado cuando estas no llegaban simultáneamente al encuentro con el enemigo y a consecuencia del movimiento del batallón estaban obligadas a abrir fuego independientemente unas de otras.

Este era, a grandes rasgos, los tipos de orden de combate en que se llevarían a cabo la mayoría de las acciones militares de mediana o gran envergadura llevadas a cabo durante la campaña que nos ocupa[164].

FORMACIONES DE COMBATE (1792-1856)

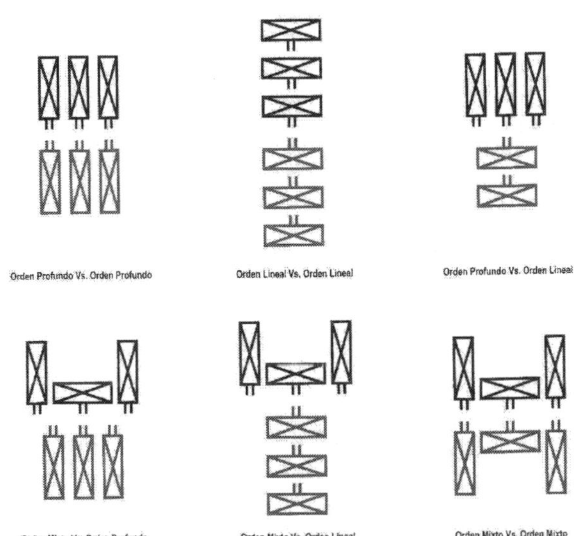

Tomado de: Pulido Ramírez Gonzalo: De Carabobo al Cerro de la Mona. Caracas. Edición del autor. 2015. p.56.

---

164 Sobre este particular véanse los estudios clásicos de Rothemberg, Howard, Wanty, Chandler y Bruce, citados en el transcurso de este trabajo y en la bibliografía.

MAPAS

Símbolos

Azul: Fuerzas patriotas

Rojo: Fuerzas realistas

Unidad de Infantería

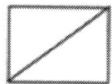

Unidad de Caballería

Cañón de 4 libras

Puesto de Mando

XX División

X Brigada

II Batallón o Escuadrón

I Compañía

Ataque

Desplazamiento

ORDEN DE BATALLA

EJERCITO DEL CENTRO

Comandante: General de División Manuel Carlos Piar

Mayor General: Coronel Carlos Soublette

Ayudante de Campo del Mayor General: Capitán Manuel Marcano[165] (herido)

Sector izquierdo

Comandante: Coronel Pedro María Freites

Batallón Inmortal *Maturín*: Tcnel. Francisco Montes[166]

Batallón *Barlovento*: Tcnel. Miguel Martínez[167]

Escuadrón Soberbios *Dragones*: Tcnel. Francisco de Paula Alcántara[168]

Escuadrón *Dragones Invencibles*: Tcnel. Juan Antonio Mina[169]

---

165 Expediente del capitán Manuel Marcano. Archivo General de la Nación. Venezuela. Ilustres Próceres. Tomo LI. pp. 185-195.

166 Expediente del coronel Francisco Montes. Archivo General de la Nación. Venezuela. Ilustres Próceres. Tomo LVI. pp. 273-284.

167 El comandante de esa unidad, Tcnel. Francisco Piñango había muerto en la acción de Quebrada Honda.

168 Pérez Tenreiro Tomás: *Rasgos Biográficos del general Francisco de Paula Alcántara*. Caracas. Academia Nacional de la Historia, 1969.

169 Expediente del soldado Juan Guzmán. Archivo General de la Nación. Venezuela. Ilustres Próceres. Tomo XXXVIII.pp.257- 263.

Sector central

Comandante: General de Brigada Gregor MacGregor

Batallón de *Honor*: Tcnel. José Antonio Anzoátegui[170]

Batallón *Girardot*: Tcnel. Francisco de Paula Vélez[171]

Sector derecho

Comandante: General de Brigada José Tadeo Monagas

Ayudante General: Coronel Francisco Vicente Parejo[172]

Ayudante: Alférez Gerónimo Salazar[173]

Batallón *Cazadores*: Tcnel. Justo Briceño[174]

Tcnel. Pedro León Torres[175] (accidental)

---

170 Lozano y Lozano, Fabio: *Anzoátegui*. Caracas. Congreso de la República.1989. p.206.

171 Vélez, Francisco: *Rasgos*...p. 42.

172 Parejo, Vicente: *Relación de los acontecimientos más notables ocurridos en las provincias de Barcelona y Guayana desde diciembre del año 1814*, en Boletín de la Academia Nacional de la Historia. Año XII, Nº 21. Caracas, 6 de julio de 1923 pp.1077.

173 Declaración jurada del Alférez de caballería Gerónimo Salazar en el Expediente de la Sra., Manuela Marcano, solicitando otorgamiento de pensión por la muerte de su esposo el capitán Manuel Marcano en la Batalla del Juncal. Archivo General de la Nación. Venezuela Ilustres Próceres. Tomo LI...loc. cit.

174 No asistió a la batalla por encontrarse herido en la acción de El Alacrán. Hoja de servicios del general Justo Briceño en, *Vida y papeles de Justo Briceño*...pp.57-65.

175 García Chuecos, Hector: *Pedro León Torres*. Caracas. AGN.1977. p.76.

Comandante general de la Caballería: Coronel Carlos Padrón[176]

Escuadrón *Lanceros de Maturín*: Tcnel. José Gregorio Monagas[177]

Escuadrón *Santa Ana*: Tcnel. Miguel Sotillo[178]

Escuadrón *Restaurador*: Tcnel. Joaquín Hernández[179]

Escuadrón *Valeroso*: Tcnel. Julián Infante[180]

Escuadrón *Chaguaramas*: Tcnel. Lorenzo Belisario[181]

Artillería

Comandante: Tcnel. Bartolomé Salom[182]

4 piezas, calibre de a 4.

---

[176] Expediente del coronel Carlos Padrón. Archivo General de la Nación. Venezuela. Ilustres Próceres. Tomo XLIII. Pp.191-218.
[177] Pérez Vila, Manuel: *José Gregorio Monagas* en Diccionario de Historia de Venezuela. Caracas. Fundación Polar.1988. Tomo II. p.980.
[178] Expediente del coronel Miguel Sotillo. Archivo General de la Nación. Venezuela. Ilustres Próceres. Tomo LXXXiX. P.18-29.
[179] *Diario de Operaciones del Ejército al mando del General Piar.* Entrada correspondiente al 19 de octubre de 1816, en O´Leary: *Memorias*...Tomo XV.p.110.
[180] Zaraza, Lorenzo: *La Independencia en el llano*...p.195.
[181] Ibídem.
[182] Archivo del general Bartolomé Salom. Academia Nacional de la Historia, Departamento de Investigaciones Históricas, 1981.

EJÉRCITO REALISTA

COMANDANTE: Brigadier Francisco Tomás Morales[183]

Ayudante: Teniente Diego Padilla[184]

Mayor General: Tcnel. Juan Nepomuceno Quero[185]

Batallón *3º del Rey*: Cap. Juan Bonalde[186] (accidental)

Batallón *Pardos de Valencia* (-) Cap. Juan de Dios Ortega[187]

Batallón *Unión* (-) Cap. Tomás García[188]

---

[183] Hoja de Servicios del Mariscal de Campo Francisco Tomás Morales, reproducida en Pérez Tenreiro, Tomás: *Para acercarnos a Don Francisco Tomás morales, Mariscal de campo último Capitán General en Tierra firme y a José Tomás Boves, coronel primera lanza del Rey. Caracas. Academia Nacional de la Historia. 1994*. p. 166.

[184] Carta del brigadier Francisco Tomás Morales al teniente general Pablo Morillo, fechada en Altagracia de Orituco el 13 de noviembre de 1816.(Inédita).

[185] Ibídem.

[186] Conde, Juan José: *El capitán Juan José Conde, subalterno del general Piar y testigo presencial de su ejecución, hace una relación minuciosa y circunstanciada del carácter, méritos y servicios de su general y también de todo lo ocurrido en su capilla y 'últimos momentos de la vida del benemérito héroe de San Félix.* Apuntes del Capitán Conde. Maracaibo 10 de abril de 1839, en Blanco y Azpurúa. *Documentos…* Tomo VI. pp. 101-102.

[187] Carta del brigadier Francisco Tomás Morales al teniente general Pablo Morillo, fechada en Altagracia de Orituco el 13 de noviembre de 181: loc. cit.

[188] Clonard, Conde de: *Historia orgánica de las armas de infantería y caballería españolas desde la creación del Ejército permanente hasta el día*. Madrid. Real Academia de la Historia. 1858. Volumen 12 p. 391.

Compañía de Fusileros de *Castilla*: Cap. Manuel Martínez de Aparicio[189]

Compañía de *Milicias de Camatagua*: Cap. Francisco Rosete[190](muerto)

Escuadrón *Carabineros*: Capitán Narciso López[191]

6º Escuadrón del *Rey*: Capitán José Nicasio Alejo Mirabal[192]

Lanceros de *El Sombrero*: Tcnel. Rafael López[193]

---

[189] Carta del brigadier Francisco Tomás Morales al teniente general Pablo Morillo, fechada en Altagracia de Orituco el 13 de noviembre de 1816. (citada).
[190] Conde, Juan José: loc. cit.
[191] Carta del brigadier Francisco Tomás Morales al teniente general Pablo Morillo, fechada en Altagracia de Orituco el 13 de noviembre de 1816: loc. cit.
[192] Morillo a Morales sobre el diploma concedido a Alejo Mirabal, del 6º Escuadrón del Regimiento de *Lanceros del Rey*. Valencia, 29 de junio de 1820. Archivo de la Real Academia Española de la Historia. **Signatura: Sig. 9/7662, leg. 19, a), f. 208;** Morales a Morillo: loc. cit.
[193] *Gaceta de Madrid* del 19 de dic de 1816.

Organización para el combate

El orden de batalla dispuesto por Morales consistía, de conformidad con lo relatado por Juan José Conde, quien servía en calidad de soldado en las filas realistas durante la batalla[194], en tres columnas de infantería. La ubicada en el ala derecha era mandada por el capitán Francisco Rosete, la cual, de conformidad con la documentación analizada, estaba constituida por las tropas de milicianos de Camatagua y pueblos circunvecinos y que se había desplazado en persecución de las tropas de MacGregor desde su paso por aquella región. Estas tropas estaban al mando del teniente coronel Juan Nepomuceno Quero, quien funge durante la batalla como Mayor General. El sector estaba protegido por el *6º Escuadrón de Caballería del Rey* al mando del capitán José Alejo Mirabal. El sector de la izquierda estaba al mando del capitán Tomas García y consistía en la compañía de granaderos y una de fusileros del primer batallón regimiento de la *Unión*, una compañía de fusileros del Batallón *Castilla* y un escuadrón de caballería al mando del capitán Narciso López, y el centro, que hacía de reserva, por el Capitán Juan Bonalde, compuesto por el 3º batallón del Rey[195]

---

[194] Enrolar prisioneros del ejército vencido era práctica común para la época, luego el testimonio de Conde (loc. cit.) debe ser tomado con las reservas del caso. Véase infra.

[195] La carta de Morales a Morillo del 13 de noviembre de 1816 y las propias declaraciones de Conde, aún con reservas, bastan para desmentir a Lecuna, quien, cuando se trata de próceres distintos a Simón Bolívar prefiere utilizar las fuentes realistas. En este caso Lecuna se acoge a las cifras de 1022 infantes (sin caballería) dada por Torrente como los efectivos realistas que participaron en El Juncal.

Así, la organización para el combate adoptada por Morales consistía en tres columnas de infantería, colocadas en forma de triángulo, con capacidad de apoyarse una a la otra. Con sus alas protegidas por unidades de caballería[196]

La organización para el combate adoptada por las tropas republicanas, al mando del general Piar estaban organizadas de la siguiente forma:

El sector izquierdo al mando del coronel Freites, estaba compuesto del batallón *Inmortal Maturín* y el batallón *Barlovento*, protegidos por los Escuadrones de *Dragones Invencibles* y *Soberbios Dragones*. Este sector del dispositivo se organiza en base a las tropas que lleva Piar desde Cumaná y tropas que estaban al mando de MacGregor durante la marcha desde Ocumare. El sector central, compuesto por los batallones *Girardot* y *Honor* y las cuatro piezas de artillería de campaña de a 4, al mando de MacGregor y organizado enteramente por parte de las tropas que habían hecho la campaña con éste. El sector de la derecha, organizado con el batallón de *Cazadores de Venezuela* (que formó parte de las tropas de MacGregor) y los escuadrones de caballería de línea, incluyendo los Escuadrones *Chaguaramas* y *Valeroso*, de las tropas de Zaraza. Este sector estaba al mando del general Monagas. Como puede observarse, la organización para el combate adoptada diluye las antiguas jefaturas y se encuentra bajo el comando único del general

---

196 Morales a Morillo: 13 de noviembre de 1816: loc. cit.; Conde, Juan José: loc. cit. Las fuentes patriotas coinciden en ese punto.

Manuel Carlos Piar, teniendo al coronel Carlos Soublette como Mayor General. Esta organización, por si misma, desacredita la tesis de que existían diversos comandos independientes durante la batalla[197]

El otro aspecto de la organización para el combate que es necesario dilucidar se refiere a la posición del comandante durante la batalla. Casi todas las fuentes, influidas por el desarrollo de la batalla y por la narración de Baralt, colocan al general Piar en el lado izquierdo del dispositivo, cuando lo usual en cualquier batalla de la época, tanto en Venezuela como en el resto del mundo, era que el comandante en jefe se ubicara en el centro del dispositivo[198].

Un examen al terreno y a las formaciones de combate de la época, indican que, colocadas las fuerzas republicanas en línea de columnas, es decir alineados los batallones y colocados cada uno de ellos en formación en columnas con un frente de 24 hombres, que era lo usual en la época, abarcarían en este caso, un frente de unos 400 metros y si le añadimos la separación existente en el centro para la colocación de las piezas de artillería y los escuadrones de caballería ubicados en los extremos derecho e izquierdo del dispositivo, tenemos una distancia equivalente a 800 metros de frente, afectado, además por las sinuosidades del terreno. Si Piar se hubiese colocado en el lado izquierdo desde el comienzo de la batalla, simplemente no

---

[197] Boletín Nº 7; Loc. cit. Cfr. con Lecuna: *Documentos*...p. 35.
[198] Baralt: *Resumen*...p.341; Restrepo: *Historia*...p.357.

hubiese podido ver el conjunto de las tropas que comandaba ni dar ningún tipo de órdenes y mucho menos comunicarse con los comandantes de sectores y con el Mayor General, pues el terreno no se lo permitía, además que contrariaba los principios más elementales de la táctica de la época. Así pues, al comienzo de la batalla el general Piar ha debido estar colocado en posición central.

Al comenzar la acción, las tropas realistas adoptan una formación de orden profundo, en columnas cerradas, mientras que las republicanas adoptan el orden delgado, es decir se trata de un encuentro entre dos formas distintas de dar una batalla. Como hemos señalado antes, son formas anteriores a la Revolución francesa, a partir de la cual se había adoptado el orden mixto en casi todos los ejércitos por resultar una combinación de los otros y más eficiente en el campo de batalla.

La batalla

El combate se inicia con el despliegue de las compañías de cazadores de los batallones *Maturín* y *Barlovento*, ubicados en el ala izquierda, y de cincuenta (una compañía) dragones del Escuadrón *Soberbios Dragones*, en tanto que el batallón *Cazadores* es destacado con el mismo fin sobre el ala derecha del dispositivo realista. Igualmente se ordena a la artillería al mando de Salom que ejecute fuego sobre las columnas enemigas.[199]

---

[199] Boletín Nº 7: Loc. cit; Austria, José de: *Bosquejo...* Tomo II. p. 480; Becerra, Ricardo: *El general Monagas*...p. XIV; Restrepo, José Manuel: *Historia´.* Tomo Segundo. p. 356; Baralt, Rafael *Resumen...* Tomo

Los cazadores eran soldados destinados a servir como tropas ligeras, bien fuera por compañías unidas a batallones o regimientos de línea o separadas, formando unidades independientes. En su origen, los cazadores se distinguían de otras tropas por sus tácticas, sus armas, y sus uniformes e insignias: en vez de combatir formando una línea cerrada, combatían dispersos y protegiéndose con los accidentes del terreno, con el fin de avistar, acosar y flanquear al enemigo en apoyo de las tropas de línea.[200]

La forma del terreno hace que los cazadores y dragones de la izquierda patriota queden expuestos, tanto al fuego de las compañías de cazadores realistas como a la caballería del ala derecha contraria. El 6to escuadrón de *Lanceros del Rey*, al mando del capitán Alejo Mirabal carga contra los cazadores y dragones patriotas en tanto que todo el fuego de los cazadores realistas se concentra en esa área[201].

Esta situación de combate duraría aproximadamente entre dos horas y media y tres horas. Esta apreciación se basa

---

Primero.p.341-343; Carta del brigadier Francisco Tomás Morales al teniente general Pablo Morillo, fechada en Altagracia de Orituco el 13 de noviembre de 1816, en la que le hace un recuento de la acción militar de El Juncal. Este documento no figura en ninguna de las compilaciones hechas en Venezuela y fue descubierto por nosotros en el Archivo del Conde de Cartagena (Pablo Morillo) que reposa en la Biblioteca de la Real Academia Española de la Historia signado bajo el número **9/7661, leg. 18, a), ff. 81-86.**

[200] Rothemberg, Gunther: *The Art of Warfare...* pp.61-95; Chandler, David: *Las campañas de Napoleon...* pp.185-229.

[201] Morales a Morillo: Loc. Cit; Boletín 7: Loc. Cit. Austria; *Bosquejo...*pp480-481; Becerra, Ricardo: *El General Monagas...* pp. XIII-XIV.

en la dotación individual de munición con la que contaba cada soldado. Los usos de combate de la época señalaban 60 cartuchos por individuo como carga básica de combate, la cual era llevada en las cartucheras individuales provistas a cada infante[202]. Tratándose de fuego hecho por cazadores y dragones, el cual no se realizaba por salvas sino por apreciación individual de cada combatiente y tomando en cuenta que para la época una tropa bien entrenada, podía hacer tres disparos por minuto como máximo, el cálculo de la duración de esa etapa del combate oscila alrededor del tiempo señalado[203].

En ese estado de cosas, el general Piar decide desplazarse personalmente hacia el lado izquierdo de su dispositivo y traer el escuadrón *Restaurador*, al mando de los hermanos Hernández[204], en tanto ordenaba que dos compañías de fusileros del batallón *Barlovento* y las compañías de cazadores de los batallones *Girardot* y *Honor* se desplazaran hacia el lado izquierdo del dispositivo a fin de restablecer el

---

202 Si algo no faltaba en ese ejército era, precisamente la munición. Francisco de Paula Vélez, comandante del Batallón Girardot en El Juncal, cuenta en sus memorias que a cada soldado que participó en la campaña, aparte de la dotación básica individual, se le entregaron 200 cartuchos a cada uno. Véase Vélez, Francisco: *Rasgos...*p.36.

203 Bruce, Robert (Et. Al.): *Técnicas bélicas de la época Napoleónica*. Madrid, Editorial LIBSA, 2008. pp.6-70.

204 En el Boletín Nº 7 denominan a esa unidad de caballería con el nombre de Escuadrón *Restaurador*. Austria le llama Escuadrón de" los Morochos", ya que tanto el primero como el segundo comandante de la unidad eran los tenientes coroneles Joaquín y José Hernández, hermanos gemelos, y así era conocido entre las tropas. Ese escuadrón pertenecía a la caballería de Monagas. Véase Boletín Nº 7 y Austria: ob. cit. p.481.

combate, que se encontraba comprometido en esa área.[205]. Una vez estabilizado el combate en el lado izquierdo del dispositivo, Piar ordena la carga general a la bayoneta, en columna de todas las unidades de infantería, bajo la dirección de MacGregor, en tanto que Monagas con los cuatro escuadrones de caballería restantes toma de flanco la izquierda del dispositivo del dispositivo realista, desbandando los escuadrones de caballería realista en ese sector y quebrando el dispositivo de la infantería de Morales, ya muy disminuido debido al papel de la artillería de Salom, que había abierto grandes brechas en el mismo[206].

A pesar de que la mayoría de los historiadores, en especial los que han escrito después de la publicación de los estudios de Vicente Lecuna, señalan que la carga a la bayoneta es realizada únicamente por las unidades situadas en el centro del dispositivo, al mando del general MacGregor, las evidencias señalan que, tal y como Baralt, Restrepo, Austria y Blanco habían señalado en el siglo XIX, se trató de una carga general por parte de todo el ejército empeñado en la batalla. En efecto, los testigos que participaron como combatientes, señalan que todo el dispositivo de combate entró en la carga y allí la mayoría de los heridos en la misma estaban ubicados en el lado izquierdo del dispositivo, que fue donde se presentó la mayor resistencia por

---

[205] Boletín Nº 7 (Parte extraviada): loc. Cit. Los escritos de Becerra, Austria, Franco, Baralt y Restrepo (citados) coinciden sobre ese particular. Para una versión moderna véase Forzan- Dagger, Servio Tulio: *Manuel Piar y la batalla del Juncal*. Boletín Cultural y geográfico. Bogotá. Vol. 7. Número 1. 1964. p. 55.

[206] Boletín Nº 7(Parte extraviada): loc. cit; Becerra: Loc. Cit., Morales: loc. cit.

parte de los realistas.[207] Por su parte, los escuadrones de caballería, al mando directo del coronel Carlos Padrón y bajo las órdenes de Monagas, atacan solamente el flanco izquierdo de la posición enemiga, quienes por encontrarse formados en columna y debido a la naturaleza del terreno no pueden cambiar de formación y reciben de lleno el choque de las arnas republicanas produciéndose la desbandada.[208]

Estas operaciones llevadas a cabo de manera simultánea producen la ruptura de las columnas realistas y la retirada desordenada de las tropas en dirección al pueblo de San

---

207 Declaraciones de oficiales y soldados, que combatieron en el sector izquierdo y fueron heridos en la batalla de El Juncal en los Expedientes que reposan en el Archivo General de la Nación, Sección Ilustres Próceres: Soldado Ramón Berre, del batallón *Barlovento*, Sargento Gervasio Díaz del Batallón *Inmortal Maturín*, soldado Juan Guzmán, del Batallón *Inmortal Maturín*, Sargento 1° León Mundaraín, herido, del Batallón *Inmortal Maturín*, con declaración del general Francisco Mejía, quien certifica el hecho y haber sido, el mismo también parte de esa unidad y herido en dicha carga; Véanse también Riera Aguinagalde, Ildefonso: *Biografía del General Francisco Mejía. Ilustre Prócer de la Independencia Sur- americana*. Edic. Centro de Historia Larense. Tip. El Nuevo Heraldo. Barquisimeto, 1944. (sobre la edición de1874) p.50; Pérez Tenreiro Tomás: *Rasgos Biográficos del general Francisco de Paula Alcántara*. Caracas. Academia Nacional de la Historia, 1969. En dicha obra se señala que el entonces teniente coronel Alcántara fue herido en dicha carga.

208 Declaraciones de Oficiales y soldados presentes en el Juncal y pertenecientes a la caballería al mando de Monagas en los Expedientes que reposan en el Archivo General de la Nación, Sección Ilustres Próceres: capitán Antonio Camejo, general de brigada Francisco Carmona, coronel Luis del Castillo, teniente coronel Santiago España ,capitán Francisco Bonet, sargento 1° Francisco Freites, capitán Salomón García, capitán Juan López, Sargento Mayor Dionisio Machado, Capitán Celestino Machuca, general de división Nicolás Machuca, teniente Gerardo Monagas, coronel Carlos Padrón, teniente Francisco Pino.

Bernardino, por caminos de montaña y de muy difícil acceso[209]. Esa retirada es protegida por la compañía de cazadores del regimiento de la Unión al mando del capitán Tomás García y del escuadrón de caballería de Mirabal, los cuales impiden que la derrota realista sea total y logran abandonar el campo en relativo orden.[210].Alrededor de las 12 del día la acción de armas había culminado.[211]

Una vez consolidado el campo de batalla, el general Piar ordena al general MacGregor recibió orden de continuar la persecución del enemigo y al general Monagas permanecer en el campo de batalla.[212] Después de dar esas instrucciones, Piar se dirige a la ciudad de Barcelona a fin de *"tomar ciertas providencias indispensables para la continuación de la campaña"*[213].

De conformidad con lo relatado en la parte que estaba extraviada del Boletín Nº 7, referente a la acción militar de El Juncal, se capturaron *"40.000 cartuchos, más de 500 fusiles que únicamente pudieron recogerse a causa de lo anegado i montuoso del terreno por donde sin dirección y orden se*

---

[209] Boletín Nº 7(parte extraviada): loc. cit.; Morales a Morillo: loc. cit ; igualmente en las narraciones de Becerra, Baralt, Austria, Martín, Vélez y Restrepo ya citadas.

[210] Galán, Ángel María: *Biografía del coronel de la Independencia Felipe Mauricio Martin.* Bogotá. Imprenta a cargo de H. Andrade. 1882. p. 18. Coinciden en este punto las narraciones de Restrepo, Morales y Austria. El capitán Tomás García, es el mismo que cinco años después guiará al batallón *Valencey* en su retirada desde el campo de Carabobo.

[211] Tanto Morales (loc. cit.) como el Boletín Nº 7 (extraviado) coinciden en dar cuatro horas como el tiempo de duración del combate.

[212] Boletín Nº 7(parte extraviada): loc. cit.

[213] Ibídem.

precipitaron las tropas españolas, cuatrocientos prisioneros i el campo sembrado de cadáveres"[214]. Morales, por su parte, en la comunicación del 13 de noviembre de 1816 y luego en la relación de sus campañas admite, además, la pérdida de un cañón que no aparece relacionado en el ya citado boletín patriota.[215]

Ordenada la persecución, ésta es realizada por las tropas de infantería al mando de MacGregor y por la caballería de Monagas, a pesar de tener, ésta última, órdenes precisas de permanecer en el campo de batalla.

Durante la persecución, el cuerpo de caballería al mando del teniente coronel Francisco López contraataca a las fuerzas de Monagas, el día 28, causando la detención momentánea de la persecución y Morales puede retirarse más allá del Río Unare, situándose primero en Clarines y luego en la desembocadura del río Tuy (hoy día, la desembocadura del río Guapo) abandonando la provincia de Barcelona al control de las armas republicanas.

Análisis de la batalla

Ocupada Barcelona y teniendo noticias de la aproximación de Morales al mando de una fuerza considerable, se comisiona al coronel Ricardo Mesa, para solicitar auxilio bien a las tropas de oriente al mando del general Santiago Mariño o

---

214 Ibídem.

215 Morales a Morillo: Loc. cit; Ejército Expedicionario de Costa- Firme: Hoja de Servicios del Mariscal de Campo Francisco Tomás Morales, reproducida en Pérez Tenreiro, Tomás: *Para acercarnos a Don Francisco Tomás morales, Mariscal de campo último Capitán General en Tierra firme y a José Tomás Boves, coronel primera lanza del Rey. Caracas*. Academia Nacional de la Historia. 1994. p. 166.

las del general Manuel Piar, de la división del Llano quienes se encontraban, a punto de aunar esfuerzos para sitiar la ciudad de Cumaná. El coronel Mesa llega el 24 de septiembre al campamento de Piar, ubicado en la sabana de Bordones en las cercanías de Cumaná y plantea la situación de peligro en que se hayan las fuerzas patriotas en Barcelona. Piar, en consecuencia *"conferencia al instante con su secretario el Dr. Francisco Esteban Ribas y su Jefe de Estado Mayor general Pedro M. Freites, quienes opinan porque no debía perderse tiempo en marchar a Barcelona. Diéronse, pues, las ordenes correspondientes y en el acto la división se puso en camino por la costa."*[216]

El mismo día, en horas de la tarde entra Piar a Barcelona, conducido en una flechera[217] y al día siguiente entra a esa ciudad la División del Llano, compuesta del Batallón Inmortal Maturín y el Escuadrón Dragones Invencibles, para un total aproximado de 500 hombres[218]. Esa división, reunida a la del Centro *"no formó ya más que un cuerpo con esa última denominación y bajo las órdenes del general Piar"*[219],

---

[216] Boletín Nº 7: loc. cit; Relato del General en Jefe Francisco Mejía, incluido en *Apuntes estadísticos del Estado Cumaná.* Caracas. Imprenta Federal. 1875. p.83; Véase también Riera Aguinagalde, Alfonso: loc. cit. p.50.

[217] Flechera: Embarcación ligera de guerra, usada en Venezuela, de forma de canoa con quilla, movida por canaletes, antiguamente montada por indios armados con flechas, de donde proviene su nombre.

[218] Tomamos el nombre de las Unidades de los expedientes de participantes en la batalla, que reposan en el Archivo general de la Nación. Caracas, Venezuela, sección Ilustres Próceres y del Boletín Nº 7 del Ejército del Centro.

[219] Boletín Nº 7: Loc. cit.

De lo anterior se colide que las fuerzas patriotas estaban colocadas bajo un solo mando, el del general de división Manuel Carlos Piar, quien a partir de ese momento se encarga de todo lo concerniente al Ejército. Aunque parezca obvia tal afirmación, debe tenerse en cuenta que la mayoría de los historiadores que se han ocupado de la batalla, en especial Vicente Lecuna y quienes han seguido posteriormente su narración, distribuyen el orden de combate como si se tratase de cuerpos distintos, cada uno con su jefe particular, que se unen provisionalmente con un solo fin[220]. Esta precisión es importante para el posterior análisis de la batalla.

El 26 a las 3 de la tarde, las unidades avanzadas de reconocimiento informan de la presencia de las tropas de Morales en la llanura de El Juncal. Piar ordena la salida de las tropas y al anochecer de ese mismo día acampan en la misma llanura a media legua del enemigo (unos 2kms.).[221]

---

220 Vicente Lecuna sostiene que "Piar se situó con sus fuerzas a la izquierda, MacGregor con las suyas, las más fuertes por su número composición y disciplina, en el centro en varias líneas y Monagas a la derecha", en Lecuna, Vicente: *Documentos inéditos para la Historia de Bolívar. Expedición de Los Cayos.* Segunda parte. Boletín de la Academia Nacional de la Historia. Tomo XX. N° 77 enero-marzo de 1937. p. 35. Lecuna obvia lo señalado en el Boletín N° 7 en la parte conocida para entonces, que dice textualmente: "El 25 entró la División del Llano, que reunida a la del Centro, no formó ya más que un cuerpo con ésta última denominación y bajo las órdenes del general Piar". Loc. cit. (subrayado nuestro).

221 Boletín N° 7: loc. cit; igualmente en las citadas narraciones de Felipe M. Martin y Francisco de Paula Vélez.

A partir de las cuatro de la mañana, comienzan las primeras acciones de toma de contacto entre ambos ejércitos. Un testigo de época señala que:

"pernoctaron ambos ejércitos frente a frente el uno del otro, en tal proximidad que el grito dé los centinelas enemigos se oía distintamente i a compás con el alerta de los nuestros. El 27 antes de salir el sol, tocando diana las bandas, marcharon los republicanos, mandados por Piar, sobre la línea enemiga"[222]

Igualmente, Morales en su carta al general Pablo Morillo de fecha 13 de noviembre de 1816 señala que:

"...las 27 alas quatro (sic) de la mañana se presentó el enemigo en guerrillas de descubierta para inquirir mi posición..."[223]

Aproximadamente a las 6 de la mañana, las tropas republicanas avanzan hacia las posiciones ocupadas por el ejército de Morales, situadas, como hemos dicho a dos kilómetros aproximadamente. Esa operación, debido a las complejidades de las formaciones de combate de la época, ha debido tardar entre una hora y hora y media, por lo que ambos contendientes debieron estar uno frente al otro alrededor de las 8 de la mañana, hora en que coinciden la mayoría de testigos y relaciones sobre el hecho de armas.

---

222 Vélez, Francisco: *Rasgos...*, p.41.
223 Morillo a Morales 13 noviembre 1816: loc. cit.

El brigadier español, con un conocimiento práctico de la guerra y haciendo uso adecuado del terreno coloca sus tropas en una pequeña elevación del terreno en forma de meseta, con su retaguardia cubierta con una altura boscosa y sus flancos cubiertos con matorrales, teniendo al frente un pantano, lo cual prestaba seguridad a cualquier ataque frontal y dificultaba las maniobras de la caballería. Esta posición es descrita por las diversas fuentes como de "difícil acceso"[224]. Además, por su retaguardia se llegaba hacia las picas y caminos de recuas que conducían a través de colinas boscosas a la población de San Bernardino.

El orden de batalla dispuesto por Morales consistía, de conformidad con lo relatado por Juan José Conde, quien servía en calidad de soldado en las filas realistas durante la batalla en tres columnas de infantería. La ubicada en el ala derecha era mandada por el capitán Francisco Rosete, la cual, de conformidad con la documentación analizada, estaba constituida por las tropas de milicianos de Camatagua y pueblos circunvecinos y que se había desplazado en persecución de las tropas de MacGregor desde su paso por aquella región. Estas tropas estaban al mando del teniente coronel Juan Nepomuceno Quero, quien funge durante la batalla como Mayor General. El sector estaba protegido por el *6º Escuadrón de Caballería del Rey* al mando del capitán José Alejo Mirabal. El sector de la izquierda estaba al mando del capitán Tomas García y consistía en la compañía de granaderos y una de fusileros del primer

224 Boletín Nº 7: loc. cit.

batallón regimiento de la *Unión*, una compañía de fusileros del Batallón *Castilla* y un escuadrón de caballería al mando del capitán Narciso López, y el centro, que hacía de reserva, por el Capitán Juan Bonalde, compuesto por el 3º batallón del Rey.

Así, la organización para el combate adoptada por Morales consistía en tres columnas de infantería, colocadas en forma de triángulo, con capacidad de apoyarse una a la otra. Con sus alas protegidas por unidades de caballería[225]

El general Piar, después de haber efectuado personalmente un reconocimiento visual sobre las fuerzas enemigas ordena la formación en batalla y adopta el dispositivo de combate necesario, situándolo según el Boletín del Mayor General Soublette, a" considerable distancia", [226] que, suponemos, ha debido ser a unos 800 metros, alcance máximo de los cañones de campaña, de que disponía su ejército. Morales, por su parte, permanece inmóvil en sus posiciones.[227]

Uno de los elementos no aclarados en este hecho de armas, es el número de tropas participantes. La mayoría de las fuentes republicanas de época hablan de 3000 hombres por parte de los realistas y de unos 1800 a 2000 de parte de los republicanos. Las fuentes realistas, por el contrario, sostienen

---

[225] Morales a Morillo, 13 de noviembre de 1816: loc. cit; Boletín Nº 7: loc. cit.

[226] Boletín Nº 7: loc. cit.

[227] Morales a Morillo, 13 de noviembre de 1816: loc. cit.; Boletín Nº 7;

que los realistas llevaron al combate entre 1022 y 1100 hombres, tesis también adoptada por Vicente Lecuna y sus seguidores[228].

Morales, en su carta a Morillo del 13 de noviembre de 1816, documento en que trata de justificar el fracaso de su campaña y donde ofrece una muy particular versión de la batalla, señala que se aproximó a El Carito, el día que ordena una misión de reconocimiento a Narciso López, que el mismo Morales coloca en 200 hombres, y la que se encontraba en Píritu al mando de Rafael López, constante de unos 300 hombres. Esto haría un total de 2000 hombres comprobadamente presentes en el campo de batalla[229]. Por otra parte, en carta a Morillo fechada en Chaguaramas, el 24 de agosto de 1816, es decir, un mes antes de la batalla, le manifiesta contar con un efectivo de 2014 hombres a los que habría que sumar las compañías de granaderos de *Unión* y la de fusileros de *Castilla* presentes en la batalla (240 hombres en total) más los restos de la fuerza de

---

[228] Vicente Lecuna, como de costumbre, cuando se trata de analizar la actuación militar de próceres distintos a Bolívar o Sucre, utiliza de preferencia las fuentes realistas, obviando incluso las de testigos y memorialistas de época. En este caso sigue servilmente a José Domingo Díaz y a Mariano Torrente. El propio Morales, en su hoja de servicios y a pesar de las cartas a Morillo citadas, también se acogerá a la cifra de 1022 hombres. Véanse y compárense Díaz, José Domingo: *Recuerdos de la rebelión de Caracas*. Caracas. ANH. 1961(sobre la edición de 1829). p.204; Torrente, Mariano: *Historia de la revolución hispanoamericana*. Madrid. Imprenta de Moreno. 1830. Tomo II. p. 270; Lecuna, Vicente: *Documentos*...p.36, nota 39.

[229] Morales a Morillo: 13 de noviembre de 1816: loc. cit.; *Relato que hace el Teniente de Infantería Hipólito Agudo de los días que estuvo prisionero de los enemigos tras la acción del Juncal. Altagracia, 13 de noviembre de 1816*. Real Academia Española de la Historia. Archivo del Conde de Cartagena. **Signatura: Sig. 9/7661, leg. 18, a), ff. 87-88. (Inédito)**

Rafael López, derrotada en la acción del Alacrán (unos 200 hombres), lo que daría un total teórico de 2.500 hombres aproximadamente[230]

Por tanto, es un hecho cierto que las tropas de Morales en el área de operaciones estaban alrededor de los 3000 hombres, cifra que da la propia Gaceta de Caracas y que ratifica el capitán general Salvador de Moxó, lo mismo que todos los memorialistas de época desde el campo republicano[231]. Si a los 2500 efectivos realistas presentes en el campo de batalla le sumamos los 600 hombres perdidos por Morales en el transcurso de la marcha, tal y como se lo confiesa a Morillo en la referida carta, se está muy cerca de la cifra citada[232].

Los republicanos por su parte, tenían el día 25 de septiembre, es decir, dos días antes de la batalla, una fuerza estimada en 2000 hombres, a la que habría que añadir 500, número de las tropas de Piar y, a su vez ,restarle los 500

---

230 Carta de Morales a Morillo fechada en Chaguaramas el 24 de agosto de 1816. Real Academia Española de la Historia. Archivo del Conde de Cartagena. **Sig. 9/7661, leg. 18, a), ff. 74-74v. (Inédita).**

231 Gaceta de Caracas Nº 96 del 2 de octubre de 1816; Moxó, Salvador: *Memoria Militar sobre los acontecimientos de Guayana, una de las provincias de Venezuela, que el Capitán General de ellas y presidente de su Real Audiencia presenta al Exmo. Sr. Secretario de Estado y del Despacho Universal de la Guerra.* Puerto Rico. Imprenta de Puerto Rico. 1817. p.30; Yanes, Francisco Javier: *Historia de Venezuela*...p.316; Baralt: *Resumen*...p.341; Restrepo: *Historia*...p.356. Igualmente, los testigos de época (participantes en la Expedición de Los Cayos y en la marcha de MacGregor) Landa, José María: *Cronología de la Revolución*. Archivo del Libertador. Sección J.F. Martin.p.27 y Ascanio, Antonio: *Diario de la Expedición de Los Cayos.* Ibidem; Austria: *Bosquejo*...p.480, exagera la cifra hasta 5000 hombres.

232 Morales a Morillo: 13 de noviembre de 1816: loc. cit.

hombres del batallón Barcelona que queda resguardando la ciudad y que no participa en el hecho de armas, para un total de 2000 hombres, de lo que resulta que la batalla se lleva a cabo con fuerzas más o menos equivalentes, pero donde las fuentes de cada bando se atribuyen menor cantidad de combatientes.

Debido a que la maniobra destinada a que Morales abandonase sus posiciones y aceptara batalla en campo abierto no da resultado, Piar ordena a las tropas republicanas avanzar hasta una distancia de tiro de fusil, es decir entre 80 y 150 metros aproximadamente, máximo alcance efectivo de esas armas para la época, y ordena el dispositivo de combate en tres sectores. El sector izquierdo al mando del coronel Pedro María Freites, compuesto del batallón *Inmortal Maturín* y el batallón *Barlovento*, protegidos por los Escuadrones de *Dragones Invencibles* y *Soberbios Dragones*. Este sector del dispositivo se organiza en base a las tropas que lleva Piar desde Cumaná y tropas que estaban al mando de MacGregor durante la marcha desde Ocumare. El sector central estaba compuesto por los batallones *Girardot* y *Honor* y las cuatro piezas de artillería de campaña de a 4, al mando de MacGregor y compuesto enteramente por parte de las tropas que habían hecho la campaña con éste. El sector de la derecha compuesto por el batallón de *Cazadores de Venezuela* (que formó parte de las tropas de MacGregor) y los escuadrones de caballería de línea, estaba al mando del general Monagas. Como puede observarse, la organización para el combate adoptada diluye las antiguas jefaturas y se encuentra bajo el comando único del general Manuel Carlos Piar, teniendo al coronel Carlos Soublette como Mayor General. Esta organización, por si misma, desacredita la tesis de que existían diversos comandos independientes durante la batalla[233]

El otro aspecto de la organización para el combate que es necesario dilucidar se refiere a la posición del comandante durante la batalla. Casi todas las fuentes, influidas por el desarrollo de la batalla, colocan al general Piar en el lado izquierdo del dispositivo, cuando lo usual en cualquier batalla de la época, tanto en Venezuela como en el resto del mundo, era que el comandante en jefe se ubicara en el centro del dispositivo[234].

Un examen al terreno y a las formaciones de combate de la época, indican que, colocadas las fuerzas republicanas en línea de columnas, es decir alineados los batallones y colocados cada uno de ellos en formación en columnas con un frente de 24 hombres, que era lo usual en la época, abarcarían en este caso, un frente de unos 400 metros y si le añadimos la separación existente en el centro para la colocación de las piezas de artillería y los escuadrones de caballería ubicados en los extremos derecho e izquierdo del dispositivo, tenemos una distancia equivalente a 800 metros de frente, afectado, además por las sinuosidades del terreno. Si Piar se hubiese colocado en el lado izquierdo desde el comienzo de la batalla, simplemente no hubiese podido ver el conjunto de las tropas que comandaba ni

---

233 Boletín N°7: Loc. cit. Cfr. con Lecuna: *Documentos*...p.35, en donde insiste en dividir las fuerzas como si fuesen independientes y no bajo un solo comando, el del general Piar.

234 Baralt: ob. cit. p.341.

dar ningún tipo de órdenes y mucho menos comunicarse con los comandantes de sectores y con el Mayor General, pues el terreno no se lo permitía, además que contrariaba los principios más elementales de la táctica de la época. Así pues, al comienzo de la batalla el general Piar ha debido estar colocado en posición central.

Al comenzar la acción, se observa que las tropas realistas adoptan una formación de orden profundo, en columnas cerradas, mientras que las republicanas adoptan el orden delgado, es decir se trata de un encuentro entre dos formas distintas de dar una batalla. Como hemos señalado antes, son formas anteriores a la Revolución Francesa, a partir de la cual se había adoptado el orden mixto en casi todos los ejércitos por resultar una combinación de los otros y más eficiente en el campo de batalla.

Aproximadamente a las ocho de la mañana, Piar ordena que el batallón *Cazadores de Venezuela* atacase el lado izquierdo del dispositivo enemigo y que las compañías de cazadores de los batallones *Inmortal Maturín* y *Barlovento* hicieran lo mismo por el lado derecho, en tanto que la artillería, al mando del teniente coronel Salom, efectuase una preparación de fuego sobre las columnas enemigas[235].

235 Boletín Nº7: loc. cit.

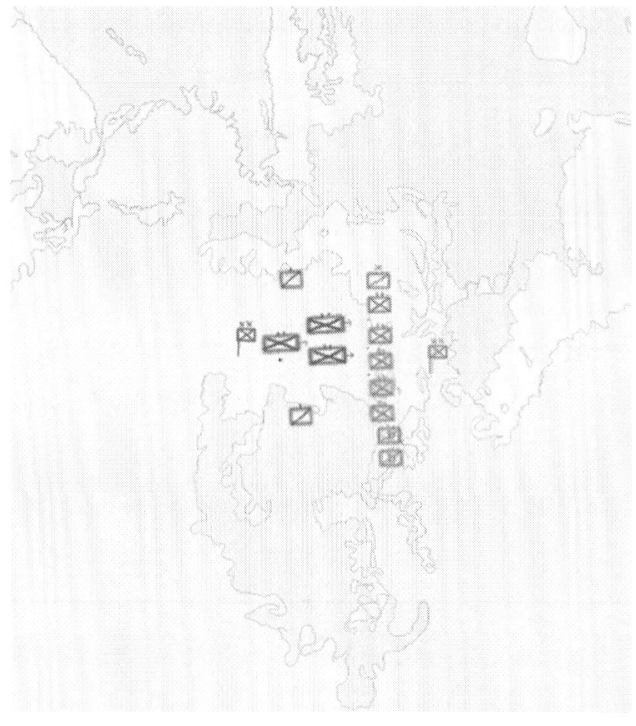

Dispositivo Inicial.

Las compañías de cazadores de los batallones de infantería estaban destinadas a molestar, entorpecer o destruir las formaciones enemigas mediante el uso del fuego. Generalmente actuaban individualmente o en parejas, escogiendo los blancos sin esperar voces de mando, por lo que se escogían para esa función a los mejores tiradores de cada batallón. Estaban entrenados para combatir dispersos, protegiéndose con la vegetación y los accidentes del terreno. Cuando actuaban en bloque y bajo un mando único, se adoptaba lo que se llamaba "formación en guerrilla"[236], consistente en

---

[236] Desde Carúpano Bolívar haría énfasis en la instrucción de las unidades de cazadores. En comunicación dirigida al Tcnel Justo Briceño, comandante del batallón *Cazadores de Venezuela*, le remite

dividir la compañía en pequeños trozos, cada uno al mando de un oficial y hacer fuego mediante señales acústicas dadas por toques de corneta. Como esas unidades eran vulnerables al choque de unidades enemigas compactas, por lo general eran protegidas por unidades de caballería a sus flancos.

Ambas unidades de cazadores empiezan el combate mediante el fuego de fusilería, en tanto que la artillería republicana al mando de Salom comienza a disparar sobre las columnas realistas. Las cuatro piezas de artillería de a 4 libras eran los cañones más ligeros de la época y se usaban como armas de batalla, para apoyar directamente a la infantería. Tenía aproximadamente 85mm de calibre y cada una de ellas era servida por una escuadra de seis artilleros. Los servidores seguían un proceso exacto para cargar, apuntar y disparar. Mientras se tapaba el oído del cañón para evitar una explosión anticipada, se colocaba una nueva carga que se introducía con el atacador. Se cebaba. Se verificaba la puntería comprobando la elevación del cañón. Se acercaba el botafuego al oído del cañón y se disparaba. Los cañones no tenían sistemas de amortiguación y era necesario emplazarlos de nuevo en batería después de cada disparo mediante cuerdas a las que se enganchaban los artilleros. Un servidor introducía una baqueta mojada en el ánima para apagar las partículas dejadas por el último disparo. Utilizaba balas rasas o botes de metralla, éstos

---

un cuaderno de táctica de cazadores a fin de que lo haga copiar para dar instrucción de esa especialidad de tropas ligeras. *Escritos IX*...p. 209.

últimos de especial letalidad cuando se dirigían contra la infantería formada en columnas[237]. El Bote de metralla o Cannister era letal a corta distancia. Construido de estaño fino, el bote estaba lleno de bolas de plomo de hasta 200 gramos cada una y se rompían al salir del cañón. La expansión de los proyectiles podría romper las filas enemigas, dejándoles enormes brechas en la línea en cambio golpear una columna podría hacer caer a 20 o más infantes.

De conformidad con los testigos de ambos bandos y dada la formación en columnas cerradas usadas por Morales, el fuego artillero de metralla causaba grandes estragos en las tropas realistas, pero, Morales no abandonaba su posición para ofrecer batalla en campo raso, que era lo que Piar buscaba[238].

En ese momento de la batalla, las compañías de cazadores realistas concentran el fuego sobre el ala izquierda del dispositivo republicano y el 6º escuadrón del *Rey*, al mando de Mirabal carga sobre los cazadores de los batallones *Inmortal Maturín* y Barlovento, obligándolos a ceder terreno. La caballería republicana de ese sector estaba compuesta por Dragones, es decir, soldados a caballo que se desmontaban para combatir

---

[237] Rothemberg, Gunther: *The art of warfare*...pp.24-28.
[238] Morales A Morillo, 13 de noviembre de 1816: loc. cit.; Boletín Nº 7: loc cit., Becerra: *El general Monagas*...p. XIV, Austria: *Bosquejo*...p.480 Sobre el uso de metralla en vez de bala rasa véase Inventario del material capturado en la Casa Fuerte de Barcelona en abril de 1817, encontrado por nosotros en el Archivo del Conde de Cartagena. Real Academia Española de la Historia. *Relación de la artillería, armamento, correajes, municiones y demás efectos de guerra que existen en la casa fuerte de Barcelona. Barcelona, 8 de abril de 1817.* **Signatura Sig. 9/7663, leg. 20, c), ff. 306-307. (Inédito).**

como infantería, armados de carabinas y sables, y en franca desventaja ante la caballería de línea, armada de lanza[239].

Un análisis detenido del terreno permite observar que la carga de la caballería realista no podía poner en derrota al sector izquierdo porque, solo tenían unos 200 metros de maniobra ya que detrás de ese sector de la batalla existen unas colinas boscosas que no permiten el uso eficiente de esa arma. Por otra parte, Lecuna sostiene que las tropas del sector izquierdo retrocedieron por el camino de San Bernardino, el cual estaba situado precisamente detrás del ejército realista y era el punto donde Morales tenía su puesto de mando, es decir, se describe una huida en desorden precisamente hacia adelante, en el punto donde estaba concentrada la reserva y el comando de las tropas oponentes, lo cual, a todas luces, constituye un despropósito[240]. De igual manera, coloca a Piar, aislado de las tropas y huyendo hacia Barcelona. Igualmente, resulta muy difícil de creer que un comandante en jefe de un ejército no dispusiese de una unidad de protección en el momento de efectuar una retirada.

---

239 Carta Morales a Morillo, 13 de noviembre de 1816: loc. cit., Certificación del General Gregor MacGregor en el expediente por invalidez del General Francisco de Paula Alcántara, en Perez Tenreiro, Tomás: *Biografía del general Alcántara*... p. 196.

240 Lecuna, Vicente: Documentos...p.35. Aunque reconoce que la pérdida de parte del Boletín no permite reconstruir el combate con exactitud (ibídem p. 36), el ilustre historiador, ingeniero y banquero coloca a las tropas de Piar huyendo armados en dirección hacia el enemigo, ya que la montaña de San Bernardino quedaba justo detrás de las posiciones realistas. ¡Curiosa manera de describir una carga a la bayoneta!

En este punto resulta importante referirse a un aspecto en la historia de las batallas que John Keegan llama "el ángulo de visión personal del testigo". Se trata del análisis del relato de un determinado testigo de un hecho de armas en función de su ubicación jerárquica dentro de la organización militar y del lugar que ocupa físicamente en el campo de batalla. De ese examen detallado podemos inferir tanto el caudal de información que puede poseer en relación con las acciones y órdenes dictadas durante el combate como lo que realmente pudo o estuvo en capacidad de ver, oír y hacer. [241]

En una batalla de esa época, "la mayoría de los participantes, aun oficiales jefes o subalternos permanecía en densas formaciones en columna, incluso cuando sus propios compañeros del frente de la formación intercambiaban disparos con el enemigo" A esto se añade la escasa visión producto de las nubes producidas por el humo de la pólvora, lo que no solo limitaba aún más la visibilidad natural, sino que le añadía una visión deformada de los de por si dificultosos accidentes del terreno. Tales consideraciones permiten no solo evaluar los relatos de los participantes en un hecho de armas sino también y sobre todo, evaluar lo que no estuvo en capacidad de ver, lo que facilita eliminar cualquier visión distorsionada de los hechos.[242]

Así, pues, el relato de Juan José Conde, en el que se basan numerosas descripciones de la batalla, en especial la de Lecuna y quienes lo repiten, adolece de tres cuestiones básicas.

---

[241] Keegan, John: *El rostro de la batalla*... pp.164.
[242] Ibídem.

En primer lugar, Conde pertenece al ejército realista para ese momento y está enrolado como soldado y ubicado en el lado izquierdo del dispositivo realista, es decir, al otro extremo de la semi planicie elevada donde estaban ubicadas las tropas de Morales a casi 200 metros de distancia y en una zona cubierta de matorrales. En segundo lugar, la naturaleza del terreno elevado solo le permitía ver la salida de Mirabal hacia el área izquierda de los republicanos, pero no podía ver de ninguna forma los resultados de ese enfrentamiento, tanto por el humo producto de la deflagración de la pólvora, existente en el campo como por las dificultades que tenía un soldado raso para permanecer en columna mientras los tiros de metralla arrasaban la formación en que se encontraba. En tercer lugar, habiéndose pasado al bando patriota en el momento final de la batalla, solo pudo alcanzar a observar la carga de caballería que se hizo sobre su sector y, tal vez, la carga a la bayoneta del centro del dispositivo. De allí, que, para narrar el resto de la batalla, deba recurrir a la frase "es *voz pública que…*"[243] , lo cual desde el punto de vista locucionario significa simplemente referencias de oídas. Sorprendentemente, este ha sido hasta ahora el principal testimonio, en torno al cual gira la descripción de lo acontecido en El Juncal.

---

243 Conde, Juan José: *Apuntes*…Loc. cit.

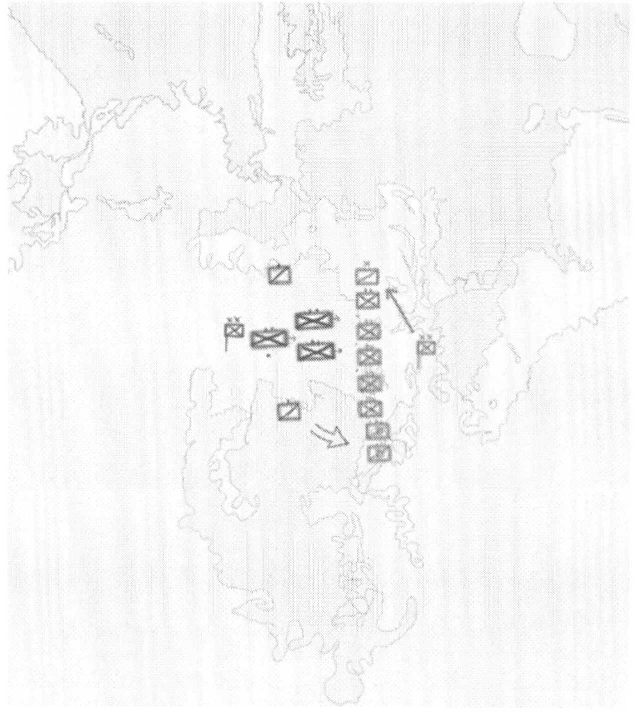

Ataque al sector izquierdo por parte del 6to escuadrón Del Rey.

En ese punto, Piar ordena que dos compañías de fusileros del batallón *Barlovento* y las compañías de cazadores de los batallones *Honor* y *Barlovento* ubicados en el sector al mando de MacGregor y que no podían actuar en esa zona por impedírselo el área pantanosa que tenían al frente, reforzasen el sector izquierdo, mientras él, personalmente se dirige al sector derecho y trae consigo al escuadrón *Restaurador*, de caballería de línea, para restablecer el combate.[244]

José de Austria, muy probablemente basado en

---

[244] Boletín Nº 7: loc. cit.; Austria: *Bosquejo...*p .481; Becerra: *El general Monagas…*p. XIV.

descripciones de testigos, sostiene que:

"tomó el mismo general Piar un escuadrón denominado de los Morochos, del ala derecha, y marchó con él para rehacer el combate y empeñarlo con todas las líneas de infantería y caballería; aquel escuadrón también fue envuelto, en términos que algunos de sus individuos no pudieron volver a sus filas"[245]

Ricardo Becerra, pariente de Soublette y secretario de Monagas, sostiene igualmente que:

"Piar hizo punto de honor mantener casi aisladamente un combate de caballería con la enemiga del ala derecha que regía Mirabal. Agotadas las municiones de cañón, siendo mui feliz el fuego de los infantes republicanos, consultaron Mac-Gregor y Soublette al General en Jefe sobre lo que debía hacerse. "Hagan lo que quieran" fue la respuesta de Piar"[246]

La parte que estaba extraviada del Boletín Nº 7 del Ejército del centro, que contiene el parte completo de la batalla y coincidente con las descripciones anteriores, señala que:

"...en este estado se dispuso que la línea atacase a la bayoneta las columnas enemigas en sus mismas posiciones, que se conocía estaban decididos a no abandonar, i que al propio tiempo la caballería del ala derecha envolviese al enemigo por su

---

245 Austria: *Bosquejo...*Tomo II. p. 481. Se refiere al Escuadrón *Restaurador*, conocido con ese nombre entre las tropas orientales por estar comandado por los hermanos gemelos Joaquín y José Hernández.

246 Becerra; Ricardo: *El General Monagas*...pp. XII-XIV.

izquierda."[247]

Obsérvense, entonces, dos acontecimientos que han pasado desapercibidos por quienes han descrito la batalla. En primer lugar, Piar, ubicado en el centro, que era el punto usual y lógico de comando pues desde allí podía abarcar todo lo que acontecía en el terreno, y teniendo cerca, tanto al Mayor General Soublette como al jefe del sector del centro, el general MacGregor, se mueve personalmente al sector derecho y trae consigo un escuadrón de caballería de línea para equiparar fuerzas y reestablecer la línea de combate. De allí, se mueve con dicho escuadrón al sector izquierdo y antes de ello es consultado por sus jefes acerca de las acciones a tomar. Esto no solo implica el ejercicio activo del comando, sino que, además significaba que fueron impartidas órdenes para ejecutar determinados movimientos tácticos una vez que el combate fuese reestablecido en el área izquierda.

En segundo término, aunque tenemos reservas acerca de la narración de Becerra, por considerarla no solo sesgada sino irreal, ella y la de Austria, confirman no solo la presencia de Piar en el campo de batalla, sino también la existencia de órdenes claras respecto a las formas de acción a ser tomadas inmediatamente el combate se restableciera. El sólo hecho de que Piar asumiese personalmente las acciones tácticas encaminadas a este fin, arriesgando su propia persona, tal como había sido su estilo de comando es prueba patente de la

---

[247] Boletín Nº7(extraviado): Loc. cit.

importancia que tenía esa acción táctica para el desarrollo de la batalla Tal como lo ha señalado un reputado analista militar contemporáneo, "*El primer imperativo del mando, el más importante, es el de estar presente, en persona. A aquellos que imponen un riesgo se les debe ver compartiéndolo, y deben esperar que se obedezcan sus órdenes solo mientras lo exijan los imperativos menores del mando*".[248]

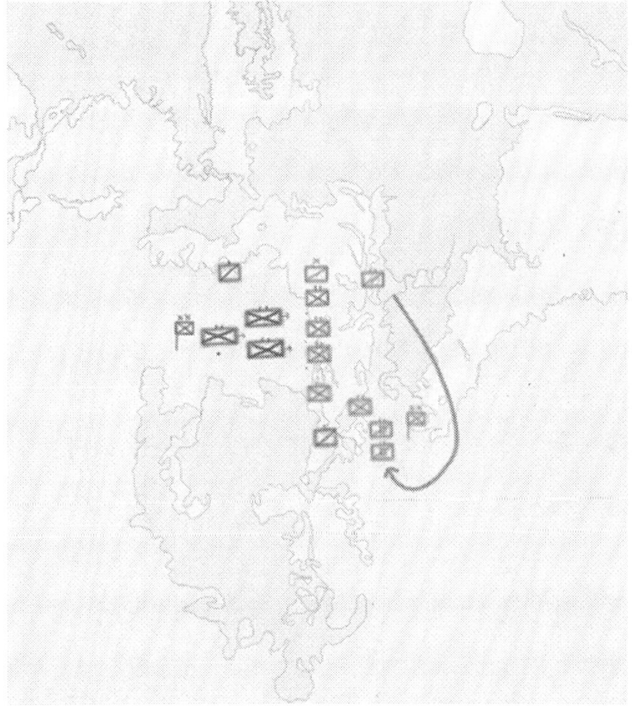

Restablecimiento del frente por parte del General Piar.

248 Keegan, John: *La máscara del mando*. Madrid. Turner. p. 318

Una vez lograda la estabilidad del frente se procede a ordenar una carga general a la bayoneta en toda la extensión del frente, conducida personalmente por el general MacGregor, conjuntamente con una carga de caballería efectuada sobre el lado izquierdo del dispositivo realista, llevada a cabo por los escuadrones de la caballería de Monagas, una vez que la artillería de Salom hubiese agotado sus cargas de munición.

En respaldo de esta afirmación, coincidente por otra parte con las descripciones de Baralt, Restrepo, Austria y Blanco, tenemos las declaraciones de testigos y participantes de la batalla, cuyas narraciones, hasta ahora, no habían sido utilizadas por los historiadores que se han ocupado de este hecho.

Varios oficiales y soldados pertenecientes a las unidades ubicadas en el sector izquierdo del dispositivo republicano, el teniente coronel Francisco Montes, comandante del batallón *Inmortal Maturín*, el capitán Francisco Mejía, el sargento Gervasio Díaz, el sargento León Mundaraín y el soldado Juan Guzmán, todos ellos pertenecientes a ese batallón indican que fueron heridos en la carga a la bayoneta que se dio para quebrar el dispositivo realista. Lo mismo sostienen el teniente coronel Francisco de Paula Alcántara, comandante del Escuadrón *Soberbios Dragones*, el capitán Eugenio Rojas y el soldado Ramón Berre del batallón *Barlovento,* heridos también, mientras apoyaban con sus fuegos la carga de la infantería[249] . Esto deja

[249] Expedientes que reposan en el Archivo General de la Nación, Sección Ilustres Próceres. Soldado Ramón Berre, del Batallón Barlovento, herido en El Juncal y declaración del coronel Francisco Montes, que certifica el hecho. Tomo IX. P. 183; Sargento Gervasio

claramente evidenciado que no hubo dispersión alguna de las tropas del sector izquierdo.

Igualmente, hay evidencia de que la orden a Monagas para la carga simultanea de infantería y caballería fue transmitida a este en la forma acostumbrada para la época, es decir, mediante la comunicación verbal por intermedio de un ayudante de campo o edecán. El capitán Manuel Marcano, edecán de Soublette, se movió hasta el sector donde se encontraban los escuadrones de Monagas y es herido mortalmente después de comunicar la orden de ataque al ayudante de campo del general Monagas, el Alférez Gerónimo Salazar[250]

Además, la redacción del parte de la batalla, incluida en el texto faltante del Boletín Nº 7 de la División del Centro no deja lugar a dudas. Cuando se señala que "*En este estado se dispuso que la línea atacase a la bayoneta... y que al propio tiempo la caballería del ala derecha envolviese al enemigo por su izquierda.*"[251], se observa un acto locucionario definitivo. Alguien

---

Díaz del Batallón Inmortal Maturín, herido, con declaración del coronel Francisco Montes, que certifica el hecho. Ilustres Próceres. Tomo XXI. P. 37; soldado Juan Guzmán, del Batallón Inmortal Maturín, con declaración del coronel Francisco Montes, que certifica el hecho; Sargento 1º León Mundaraín, herido, del Batallón Inmortal Maturín, con declaración del general Francisco Mejía, quien certifica el hecho y haber sido, el mismo, también herido en dicha carga. Ilustre Próceres, Tomo XLVII. P.231; Riera Aguinagalde, Ildefonso: *Biografía del general Francisco Mejía*...loc. cit.; Pérez Tenreiro Tomás: *Biografía del general Francisco de Paula Alcántara*...loc. cit.

250 Declaración jurada del Alférez de caballería Gerónimo Salazar en el Expediente de la Sra. Manuela Marcano, solicitando otorgamiento pensión por la muerte de su esposo el capitán Manuel Marcano en la Batalla del Juncal. Ilustres Próceres: loc. cit.

251 Boletín Nº 7(parte extraviada)

dispuso la carga simultánea de la línea conjuntamente con la carga de caballería por el sector izquierdo de Morales y ese alguien no podía ser otro que el comandante a cargo de toda la operación militar.

La carga simultánea tiene como efecto la ruptura del dispositivo realista y Morales, que intenta una retirada en orden, no puede conseguirlo, ya que el quiebre del dispositivo realista produce desorden y confusión en las tropas y se produce la explotación del éxito por parte de las tropas republicanas.

Ataque coordinado a la bayoneta en toda la extensión del frente.

Es durante esta fase, donde el *6º escuadrón del Rey*, al mando de Mirabal, queda combatiendo en el sector derecho de su dispositivo e impide que en el área en que se encontraban las tropas a cargo de Freites se pueda completar la victoria, protegiendo la retirada del resto del ejército[252], mientras que en el sector izquierdo del dispositivo realista los escuadrones de Monagas toman de flanco las restantes columnas y es donde se producen las mayores bajas del ejército al mando de Morales.

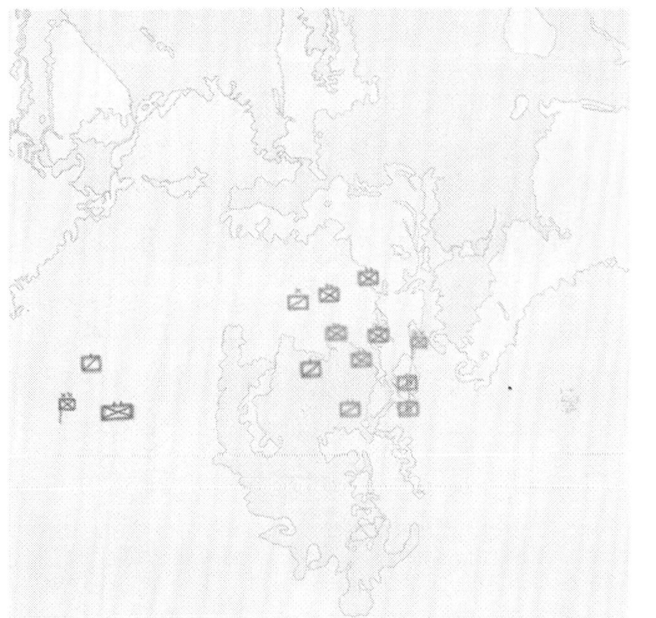

Explotación del éxito e inicio de la persecución.

252 Galán, Ángel María: *Biografía del coronel de la Independencia Felipe Mauricio Martin*...p.18.; Cfr. con Morales a Morillo, 13 de noviembre de 1816: loc. cit.; Restrepo; *Historia*...p.357.

Finalizada esa fase de la batalla las tropas, por órdenes de Piar, proceden a la consolidación del terreno y la ocupación del campo de batalla. Durante esa fase se procedió a agrupar a los prisioneros de guerra, evacuar los heridos de ambos bandos, apilar los muertos, también de ambos ejércitos, para proceder a su enterramiento y recolectar el material que había quedado disperso en el campo. A estos efectos el Boletín Nº7 en su parte extraviada señala que se hicieron 400 prisioneros (la mayoría de los cuales engrosarían el ejército vencedor a usanza de la época), 40.000 cartuchos y 500 fusiles, así como todo el equipaje de los vencidos. Este término incluye bagajes, raciones de alimentación y las mochilas individuales de cada soldado.[253]

En relación con los muertos habidos en la batalla los números son contradictorios. El Boletín de la División del Centro señala una pérdida de 18 muertos y 97 heridos por parte de los vencedores y "el campo sembrado de cadáveres" [254] para referirse a las pérdidas del adversario. Morales, por su parte, reconoce la pérdida de 100 muertos y 150 heridos, mientras que cifra las pérdidas republicanas en la muy exagerada cifra de 500 heridos e "infinidad de muertos".[255] Tal como hemos señalado con anterioridad, las descargas de metralla de la artillería al mando de Salom, como la carga simultanea de toda la línea, han debido causar muy severas bajas al ejército al mando de Morales, especialmente en la fase de persecución, en la que las

---

[253] Boletín Nº 7(extraviado): loc. cit.; *Relato que hace el Teniente de Infantería Hipólito Agudo…* loc. cit.

[254] Boletín Nº 7(extraviado): loc. cit.

[255] Morales a Morillo, 13 de noviembre de 1816: loc. cit.

tropas en desbandada eran presa fácil de las unidades enemigas porque se encontraban inermes fuera de las formaciones de combate que constituían su única defensa, basada en la cohesión grupal.[256]

El análisis de los hechos nos permite dar veracidad a los números registrados en el Boletín de la División del Centro y apreciar las pérdidas de muertos de Morales alrededor de los 700 hombres, al restar el número de prisioneros y heridos de los 300 hombres con que el propio Morales llevó consigo a la desembocadura del Unare al término de la batalla. Esa misma cifra es la apreciada por Restrepo[257], quien como sabemos tuvo a la vista el Boletín original y por el propio Morales quien años por delante, en el momento de elaborar la relación de sus campañas para su Hoja de Servicios militares del Ejército de España, señala que en la acción perdió *"acerca de setecientos hombres un cañón de a cuatro y todas sus municiones"*[258], dato éste último, que no figura en el boletín de esa acción redactado por el Ejército republicano.

Una vez finalizada la fase de consolidación, Piar ordena a MacGregor, la persecución del enemigo con las tropas disponibles con excepción de la caballería del ala derecha al mando de Monagas, a quien se ordenó permanecer en el campo de batalla hasta nueva disposición. Así lo señala, claramente, la

---

256 Keegan; John: *El rostro de la batalla*...p.163-164.

257 Restrepo: *Historia*...p.358.

258 Hoja de Servicios del Mariscal de Campo Francisco Tomás Morales, en Pérez Tenreiro, Tomás: *Para acercarnos a Don Francisco Tomas Morales*....p.168.

parte que estaba extraviada del Boletín Nº 7, que dice:

"El general Mc Gregor recibió orden de continuar la persecución del enemigo: la caballería del ala derecha, la de permanecer en el campo de batalla hasta nueva disposición, i el general en jefe volvió ala(sic) ciudad a tomar ciertas providencias indispensables para la continuación dela(sic) campaña.[259]

Este es un punto extremadamente importante para dilucidar lo que después ocurriría entre Piar y esos dos jefes militares.

Las diferentes narraciones de época y las declaraciones de algunos testigos presenciales arrojan versiones distintas acerca de lo que ocurrió en esa etapa de la batalla. Vicente Parejo, Mayor General de las tropas de Monagas señala que MacGregor "salió *el por una parte y el general Monagas por otra en su persecución; el realista López se encontraba en el pueblo de San Francisco, en donde había formado un cuerpo de fuerza, que fue deshecho por Monagas; la división de este general y la de MacGregor se juntaron en el pueblo de San Lorenzo, en donde éste último puso la suya al mando del primero y se marchó para la isla de Margarita..."*[260].

La versión de Parejo es tomada y adulterada profundamente por Vicente Lecuna manifestando que "*Según Parejo el general MacGregor, en ausencia de Piar, dispuso la persecución hasta destruir las reliquias del enemigo, y al efecto*

[259] Boletín Nº7(extraviado): loc. cit.
[260] Parejo, Francisco Vicente: *Relación*...p.1079.

envió a Monagas por una vía, se lanzó el por otra y se reunieron en el pueblo de San Lorenzo, después de aniquilar la columna de Alejo Mirabal, que había batido a Piar y los grupos reunidos por López en San Francisco, más faltaba arrojar todas las fuerzas sobre el cuerpo de Morales, retirado hacia Clarines, cuando órdenes o actos de Piar produjeron la renuncia de McGregor y su viaje repentino a Margarita, separado del servicio"[261]

O´Leary, por su parte señala que *"Piar, no obstante su victoria y las súplicas de MacGregor no persiguió al enemigo sino que regresó a Barcelona donde surgió una diferencia de opiniones entre los generales, a consecuencia de la cual MacGregor se separó del servicio y partió del país hacia San Thomas"*[262]

Dos testigos presenciales de época, los capitanes Tomás Demetrio Lobatón y Cesáreo Prado afirman que si se efectuó la persecución, de conformidad con lo establecido en el citado boletín Nº 7. El primero *afirma "Me incorporé al general MacGregor y por eso me hallé en la memorable acción del Juncal y en la persecución de los realistas hasta san Francisco, donde fue sorprendida la avanzada de nuestras tropas por el segundo López; quien perseguido después y derrotado, perdió la mula en que cabalgaba"*[263]. Prado, por su parte, señala en la relación de sus servicios que *"el 28 del mismo mes y año (septiembre de*

---

[261] Lecuna, Vicente: *Documentos...* p. 37. Nótese que en ninguna parte de la relación de Parejo se habla de la ausencia de Piar del campo de batalla.

[262] O´Leary: Memorias sueltas... p. 93.

[263] Memorias del capitán Demetrio Lobatón en Sánchez, Manuel Segundo: *Obras...*tomo II p. 450.

1816) se encontró en la acción de guerra del pueblo de San Francisco, provincia de Barcelona, mandada por el general MacGregor"[264]

Morales, por su parte, indica que *"Desde la izquierda del río Unare dispuse atacar al enemigo que me seguía y se hallaban en el pueblo de San Francisco, distante cuatro leguas y a ese efecto ordené al teniente coronel D. Rafael López se pusiera en marcha con doscientos hombres; logró sorprenderlos y causarle bastante derrota, más la superioridad de sus fuerzas le obligó a retroceder donde yo me hallaba"*[265]

De estas declaraciones se infiere que, en primer lugar, si hubo persecución y la misma fue ordenada por Piar en el mismo campo de batalla, lo que da al traste con todas las narraciones posteriores que niegan ambos hechos. En segundo lugar, que durante la persecución se produce un hecho de armas, el combate de San Francisco, en que tropas realistas sorprenden la vanguardia de las tropas perseguidoras, las cuales logran rehacerse y derrotar a la fuerza que intentaba una sorpresa sobre las columnas de marcha. En tercer lugar, que el general Monagas desobedeció la orden expresa de su comandante de permanecer en el campo de batalla, causa principal del descalabro inicial en San Francisco, hecho que obligó a detener la persecución.

---

[264] Expediente del capitán Cesáreo Prado. Archivo General de la Nación. Venezuela. Ilustres Próceres. Tomo LXX. Pp. 77-110.
[265] Morales a Morillo 13 de noviembre de 1816: loc. cit.

Por otra parte, el general Piar, al retirarse a Barcelona una vez culminada la fase de consolidación del campo de batalla, comete la falta militar de no supervisar el cumplimiento de sus propias órdenes, lo que permitió que MacGregor y Monagas, bien bajo las órdenes del primero o fuese de común acuerdo, emprendiesen la persecución del enemigo en forma tal que violaba las disposiciones expresas que el comandante en jefe había ordenado. Por otra parte, de conformidad con su estilo de liderazgo militar, ha debido encabezar la persecución y no delegarla en comandantes subordinados. El Mayor General Soublette, también es responsable de la desobediencia de los comandantes de unidades al no haber permanecido en el campo para hacer cumplir las disposiciones superiores[266].

Desde el punto de vista netamente militar, La aparición de la parte faltante del Boletín Nº 7 del Ejército del Centro, permite cambiar el nivel de comprensión en relación con lo acaecido en el campo de batalla de El Juncal.

La maniobra efectuada por el general Manuel Carlos Piar, la constituye una formación en el llamado "Orden Delgado", con los batallones de infantería colocados en línea y formados en columna, protegidos por caballería, mientras que las tropas de

---

266 Keegan, John: *La máscara del mando*...p.318 De conformidad con lo expresado por Soublette a Restrepo, muchos años más tarde, éste se hallaba enfermo en el momento de producirse la batalla de El Juncal, por lo que es muy posible que haya regresado con Piar a Barcelona al concluir la misma, Véase carta de Carlos Soublette a José Manuel Restrepo del 23 de junio de 1841 en Carlos Soublette: *Correspondencia.* Carcas. Academia Nacional de la Historia.1981. Tomo I. pp. 132-133.

Morales adoptan una formación en columnas cerradas, con sus alas protegidas, igualmente por unidades de caballería, es decir, adopta el llamado "Orden Grueso". Se trata, pues del enfrentamiento entre columnas de batallón contra líneas de batallón.

Una vez estabilizado el frente, que se ve comprometido por la carga temprana de una unidad de caballería realista, Piar ordena una carga general a la bayoneta en columna, a lo largo de todo el frente, mientras las unidades de caballería toman el flanco izquierdo del adversario, produciéndose así una batalla táctica de ala, característica de la forma de luchar de los ejércitos durante el período.

La Batalla de El Juncal, aparte de ser el primer gran triunfo de la causa patriota desde 1814, traerá como consecuencia inmediata la liberación de la provincia de Barcelona y la formación de una base de operaciones, que a su vez implicaba la formación de una línea de comunicaciones, tanto con la Isla de Margarita como con el exterior, lo que permitía la recepción de recursos bélicos como el emprendimiento de operaciones sobre el interior del país. De allí partiría en octubre del mismo 1816 el ejército destinado a operar sobre Guayana y allí llegaría en enero de 1817, el Libertador Simón Bolívar con tropas y recursos producto de la segunda expedición de Los Cayos.

Una nueva etapa en la lucha por la independencia daba comienzo.

APÉNDICE

LOS MEDIOS: Notas para la elaboración de una historia de la Logística militar durante la guerra de independencia.

Uno de los aspectos menos estudiados de las operaciones militares de la Independencia lo constituye el tema de los abastecimientos. La forma en que los ejércitos acopiaban sus recursos, comían, se vestían o recibían armas, municiones, medicinas y demás artículos necesarios para la subsistencia, apenas si ha llamado la atención de la historiografía del período a pesar de la abundancia de datos existente en los archivos venezolanos y del extranjero.[267]

El problema del suministro de abastecimientos llegó a constituirse como un elemento fundamental en la teoría y la práctica de la guerra entre mediados del siglo XVIII y las tres primeras décadas del siglo XIX.

En el *Essai Generale de Tactique*, Guibert había analizado las dificultades que tenían los ejércitos para abastecerse y combatir, ya que tenían que desplazarse a través de la cadena de abastecimientos, confundiéndose las líneas de operaciones con las líneas de abastecimientos. El apartarse de esta regla, que por otra parte no permitía que el ejército pudiera fraccionarse, condenaba

---

267 En los archivos consultados por nosotros, existe abundante información sobre el particular, en espera de ser sistematizada por los investigadores del área. Véase la lista de dichos archivos en el acápite correspondiente a la bibliografía. Por otra parte, no existe en Venezuela un estudio sobre la Logística en la guerra de Independencia. Todavía sigue siendo útil la obra de Eloy Guillermo González: *La ración del boa*. Caracas. Imprenta El Cojo. 1908.

las operaciones al fracaso. Guibert, planteará como solución, el vivir en el terreno a expensas de los recursos del adversario o de la población local. Este método, practicado en pequeña escala desde tiempos inmemoriales, se convertirá en doctrina de guerra del ejército francés en las guerras de la revolución y será perfeccionado por Bonaparte durante la Campaña de Italia de 1796. En este sentido la conocida frase de Napoleón *"los ejércitos caminan sobre sus estómagos*", debe ser interpretado como una crítica a las condiciones existentes de la época, que el mismo contribuyó a cambiar, y no como un axioma militar.[268]

Así, la práctica del aprovisionamiento sobre el terreno, heredada de los ejércitos de la República que, ante la falta de una intendencia organizada, tuvieron que recurrir a subsistir a expensas de lo que obtenían de los territorios por donde transitaban, llegó incluso a ser elevada al rango de virtud o capacidad excepcional militar y, a su vez, elevada a virtud, tal práctica permitió aligerar el equipamiento del ejército y liberarlo de las rigideces de un sistema de abastecimiento propio.[269]

En Venezuela, las características del teatro de la guerra, signado por una gran extensión territorial, con extensas zonas quebradas y selváticas, con escasa red caminera y dos estaciones climatológicas extremas, una de abundante lluvia y otra muy seca en un país atravesado por innumerables cursos de agua,

---

268 Liddell- Hart, Basil: *El espectro de Napoleón*. Buenos Aires. Eudeba. 1969.

269 Véase Guibert, Jacques: *Essai*...pp. 452-474; Van Creveld: *Supplyng War*. Cambridge University Press. 1977; Chandler, David: *Las campañas de Napoleón*...ob. cit.

complicaban en extremo cualquier solución logística distinta al abastecimiento sobre el terreno y, de ser posible, en base a arrebatar los recursos al enemigo.[270]

Tanto en la llamada campaña admirable de 1813 como en el período de la guerra a muerte se puso en boga ese sistema, al cual se le añadiría prontamente el de contribuciones forzosas a los habitantes de determinado territorio ocupado por cualquiera de los bandos contendientes.

En el período que estamos estudiando, más específicamente durante la campaña de 1816, el ejército del Rey perfeccionó este sistema para proporcionar comida, vestuario y pienso para los caballos y mulas, estableciendo una línea previa de abastecimiento, basada en enviar mensajeros a los diferentes pueblos hacia donde se movía el ejército, a fin de que se tuviesen preparadas raciones para hombres y bestias al llegar las tropas a ese lugar. Los Justicias mayores de los pueblos o las autoridades militares eran los encargados de ejecutar esa medida.

Las tropas patriotas, por el contrario, debían desplazarse con la "logística por delante"[271] es decir, tomando los recursos de las poblaciones por las que pasaban o arrebatándoselas directamente al enemigo. Se trataba pues, de

---

270Sobre este particular, véase Pérez Tenreiro, Tomás: *La maniobra y la batalla*. Caracas. Negociado de publicaciones del Estado Mayor General.1954; Falcón, Fernando: *El cadete de los Valles de Aragua*...ob. cit.

271 Tomo esta expresión del libro de Carlos Quintero Gamboa: *La gran emboscada*. Caracas. Biblioteca de temas y autores tachirenses. 1995.

operar sin líneas de abastecimiento.

ARMAMENTO

Ninguna descripción de la campaña o las batallas objeto de este trabajo, señala el tipo de armas utilizado. Solo se limitan a señalar la presencia obvia de fusiles en la infantería y lanzas, sables y carabinas en la caballería.

Algunos autores, al referirse al armamento usado durante la época dan algunas referencias acerca del posible tipo de fusiles usados en el período, de forma general y sin especificar tipos, modelos y procedencias.

El coronel Arturo Santana en su obra *La Campaña de Carabobo* (1921) sostiene que: "en aquella época se usaba en Francia, España e Inglaterra el fusil modelo 1777-1800, arma que, con ligeras modificaciones era la misma desde que se inventó en Francia en 1640."[272]

Para 1965 Guillermo García Ponce publica un trabajo denominado *Bolívar y las armas en la guerra de Independencia,* en el cual, utilizando únicamente fuentes secundarias, trata acerca de los problemas de adquisición y abastecimiento de armas sin señalar ninguna descripción del tipo de armamento utilizado.[273]

---

272 Santana Arturo. *La Campaña de Carabobo*. Caracas. Litografía del comercio.1921. p.64.

273 García Ponce, Guillermo: *Bolívar y las armas en la guerra de Independencia*. Caracas. Ediciones La Muralla. 1965.

Héctor Bencomo, basándose en el artículo de José Giacoppini señala que: "*dice el Dr. J.A. Giacoppini Zarraga que el armamento de la infantería "procedente de Inglaterra, no pudo ser otro que el rifle Baker modelo 1802, usado por el ejército británico muy poco antes en las guerras Napoleónicas y reglamentario aún en dicho ejército para ese año de 1819"*[274]

En 2010, Armando Alcántara Borges, hace un listado general de las armas usadas durante el período, con fotografías y descripciones técnicas, pero sin especificar las épocas en que fueron utilizados, ni los modelos específicos que estuvieron presentes en determinados hechos de armas.[275]

En 2014 Gonzalo Pulido Ramírez publica su trabajo *De Carabobo al Cerro de La Mona: un nuevo enfoque de la Batalla de Carabobo 1821.* En esta obra se hace una descripción gráfica y técnica de todos los tipos de armas blancas y de fuego que estaban disponibles para la época. Sin embargo y a pesar del mérito y la enjundia de ese trabajo, no se determinan los tipos de armas realmente utilizados en la batalla objeto fundamental de su trabajo.[276]

---

274 Bencomo Barrios, Héctor: Campaña *de Carabobo 1821.* Caracas. Ministerio de la Defensa. 1971. p.38.El artículo de José Giacoppini citado, se publicó en la Revista Shell número 14 mayo del año 1955 con el título *Los Rifles en nuestras guerras de Independencia.*

275 Alcántara Borges, Armando: *Evolución Histórica de las Armas Portátiles en la Fuerza Armada de Venezuela. Naguanagua.* Ediciones del Concejo Municipal Bolivariano de Naguanagua. 2010.

276 Pulido, Gonzalo: *De Carabobo al Cerro de La Mona: un nuevo enfoque de la Batalla de Carabobo 1821.* Caracas. Ed. del autor. 2014.

Como puede observarse, son muy pocos los trabajos dedicados a este particular, máxime si se trata del período supuestamente más estudiado de la historia venezolana y sobre el que se ha producido mayor cantidad de monografías.

Entre 1770 y 1856 fecha de aparición del fusil de retrocarga y cartucho con pólvora sin humo, la descripción general del arma básica era un fusil de complicado proceso de carga, (el proyectil y la pólvora se introducían por la boca del cañón), por lo que solamente podía hacer un máximo de tres disparos por minuto, y con escasa puntería; con el añadido de la bayoneta, se utilizaba para la lucha cuerpo a cuerpo y contra caballería.[277]

El fusil de chispa que usaba la infantería de la época estaba básicamente compuesto de cañón de ánima lisa, llave, caja, guarniciones, baquetas y bayoneta. El cañón siempre debía ser más ancho que la bala, pues esta se introducía envuelta en un trozo de tela ò papel, que servía para forzar la bala en el cañón sin que este se trabara. Este sistema de medidas se utilizó hasta la Guerra de Crimea en 1856, después de la cual año en el que se adoptaron tanto el sistema métrico decimal, a partir del cual los calibres se expresaron en milímetros y las alzas en metros, como el sistema ingles que lo expresaba en pulgadas y pies.[278]

---

[277] Falcón, Fernando. *El cadete de los valles de Aragua*…ob. cit.p.84.

[278] Comisión Española de Historia Militar: *Historia de la Infantería Española: Entre la Ilustración y el Romanticismo. Madrid. Centro de documentación del Ministerio de la Defensa.1994*. p.403.

Los soldados de infantería, eran sometidos a un estricto entrenamiento para realizar la carga del mosquete de pedernal a fin de mantener la cadencia de tiro en combate. El fusil se cargaba siguiendo los pasos siguientes:

1. Romper el cartucho de papel con los dientes.
2. Verter la pólvora y cebar la cazoleta.
3. Colocar bala y taco de papel dentro del cañón.
4. Introducir el cartucho en el cañón con la baqueta.
5. Colocar la baqueta en el fusil.
6. Apuntar.
7. Hacer fuego a la señal de mando o a discreción, según el caso.

Los fusiles eran incómodos y con el tiempo de carga muy largo, por lo que, para compensar estos inconvenientes, una línea disparaba mientras que la otra recargaba el arma o bien las dos tiraban juntas y luego cargaban a la bayoneta. En el siglo XIX un soldado bien entrenado podía disparar tres veces por minuto. Un buen tirador podía alcanzar al enemigo a 80 metros, pero más allá no era seguro que pudiera hacer blanco. Por esa razón se enseñaba a disparar sobre la masa enemiga y no sobre blancos específicos, de conformidad con la táctica de la época.

Sin embargo, existían unidades especializadas en tiro individual cuya táctica era sensiblemente diferente. Basados en la experiencia de los *minutemen* norteamericanos y de los *huszards* húngaros, que abandonaban las formaciones tradicionales de línea o columna y combatían en parejas o individualmente haciendo blanco sobre personas y no sobre formaciones de tropas, la mayoría de los ejércitos organizó unidades similares llamadas Cazadores, por su similitud con las técnicas de cacería. Estas unidades recibían mayor entrenamiento de tiro y su función táctica consistía en escaramucear delante de las formaciones propias con el fin de molestar, desorganizar y si fuese posible, diezmar las formaciones enemigas a fin de facilitar el combate de las propias. Esas tácticas fueron usadas en forma masiva por parte de los ejércitos de la revolución francesa y se extendieron durante la época a todos los ejércitos del mundo occidental.

Ahora bien, dado que no existe bibliografía ni documentación que señale con precisión los tipos de armas utilizados durante el período que estudiamos, debemos recurrir a factores técnicos que nos puedan dar certezas sobre ese particular.

En primer lugar, debemos referirnos al calibre de las armas de fuego portátiles como cuestión fundamental. Para la época se entendía por calibre "la cantidad de balas que podían hacerse con una libra de plomo"[279]. Así, por ejemplo, un fusil calibre 19 quería decir que con una libra de plomo podían hacerse 19 balas para determinado tipo de fusil. Obviamente, mientras menos balas pudiesen hacerse con esa medida, mayor

---

[279] Cabanellas, Guillermo: Ob. cit. Tomo I. p.661.

era el calibre del arma. Un fusil de 16 era de mayor calibre que uno de 19.

Los fusiles más usados para la época, tanto los manufacturados en las fábricas españolas, como los remanentes de las guerras napoleónicas, tenían distintos calibres. Los fusiles españoles y franceses usaban los calibres 16 o 18, mientras que los ingleses usaban los calibres 19 y 20 (en el caso de los Rifles Baker de ánima rayada). Con esta información a la mano podemos examinar la escasa información documental disponible para el período.

En efecto, en carta de Bolívar a Robert Sutherland, fechada en Los Cayos el 1ª de marzo de 1816, se señala que:

"No se hallan aquí buenas turquesas[280]*, ni siquiera la posibilidad de hacerlas; cierto que compramos las del coronel Durán, pero todas son de mayor calibre que nuestros fusiles y no nos sirven para nada"*[281]

De esta comunicación se infiere que los fusiles obtenidos por Bolívar no podían ser de calibres 15,16 o 18, es decir no se trataba de fusiles prusianos, daneses, españoles o franceses que eran los diseñados en esos calibres, por lo que debía tratarse de fusiles de fabricación inglesa.

---

280 Turquesa: Molde de bronce donde se vacían las balas de fusil para su confección, transformándolas en bolas de plomo. Véase Cabanellas, Guillermo: Ob. cit. Tomo IV. pp.746.

281 Carta de Simón Bolívar a Robert Sutherland, Los Cayos, 1º de marzo de 1816 en *Escritos...* Tomo IX. p.31.

Esta presunción está corroborada por el Capitán inglés Kenneth Mathinson, en un informe dirigido al capitán general de Trinidad, Thomas Woodford en el que describe su visita al puerto de Guiria, el 20 de junio de 1816, una vez desembarcada la Expedición de Los Cayos en Carúpano:

"(Mariño) Tiene cerca de 500 hombres, todos armados de mosquetes ingleses Tower, pero desvestidos".[282]

Si esto no bastare como evidencia, existe también la comunicación del Brigadier Francisco Tomás Morales, de fecha 15 de julio de 1816, mediante la cual envía al Castillo de Puerto Cabello el inventario de los efectos militares abandonados en la playa de Ocumare, que incluían 1000 fusiles y 50000 cartuchos. El hecho de que no fuesen usados para reabastecer a sus tropas indicaba que se trataba de armas y municiones con un calibre no compatible con los usados por el ejército a su mando[283]

Por tanto, podemos deducir, en base a esas informaciones, que los fusiles utilizados por los patriotas durante la campaña de 1816 y la Batalla del Juncal, correspondían a fusiles ingleses marca Tower, en cualquiera de sus diferentes versiones disponibles. Hay que hacer la salvedad de que el

---

[282] Mathinson, Kenneth: Informe del Capitán de Puerto de Trinidad sobre el estado de Guiria, reproducido parcialmente en Parra-Pérez, Caracciolo: *Mariño y la Guerra de Independencia*. Madrid. Ediciones Cultura Hispánica. 1954. Tomo 2, p. 114.

[283] Inventario de los efectos ocupados al enemigo en el Castillo de Ocumare y casas contiguas. Ocumare, 15 de julio de 1816. Real Academia Española de la Historia — Signatura: **Sig. 9/7661, leg. 18, a), f. 56.**

modelo de Tower, denominado Brown Bess, era el más fabricado y usado en la época, lo que implica una alta probabilidad de que ese haya sido el modelo usado durante la campaña.

Fusiles Tower[284]

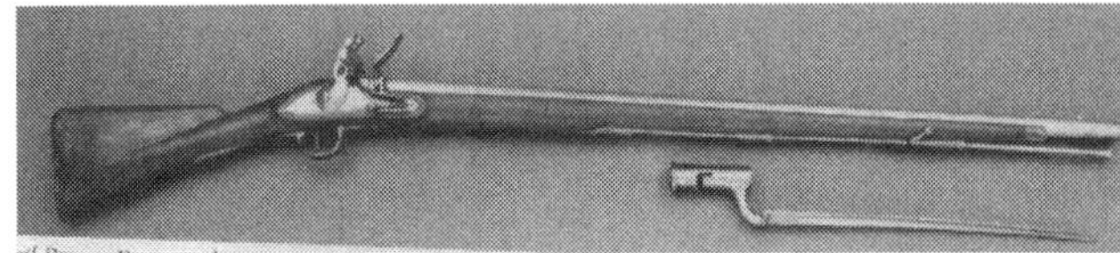

BROWN BESS

El Brown Bess pesaba alrededor de 10 libras (4,5 Kg) Calibre de a 19 balas de plomo por libra y equipado con una bayoneta de 17 pulgadas (430 mm), triangular. La precisión del Brown Bess era igual a los otros fusiles, con un alcance 160 metros y efectivo unos 100 metros. Las tácticas de la época hicieron hincapié en descargas en masa y cargas a la bayoneta en masa en lugar de puntería individual. Era el fusil más usado en América por su facilidad de adquisición, debido a los remanentes fabricados durante el período entre 1792 y 1815.

Otros Modelos Tower eran:

---

284 Dado que no existe en Venezuela ningún catalogo especializado, ni se conservan las especificaciones técnicas de los únicos tres ejemplares de armamento de época que se conservan en el Museo Bolivariano, usaremos el catálogo de la compañía Military Heritage quienes realizan réplicas exactas para cinematografía o adquisición de armas de la época. La página web donde aparece el catálogo es **Military Heritage.com**. Las descripciones de las armas en el presente capítulo se entenderán como extraídas de dicha fuente.

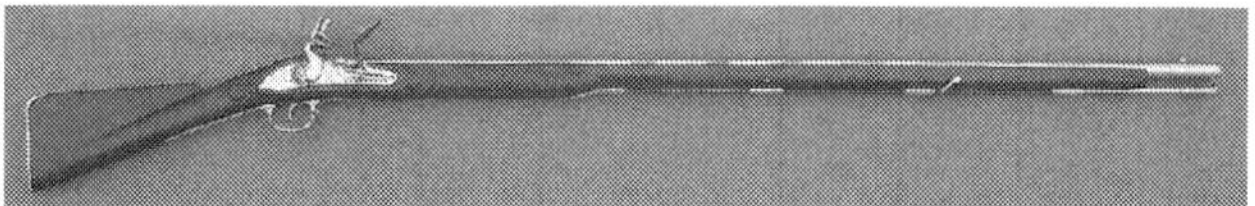

LONG LAND PATTERN.

En servicio 1722-1793.

Longitud total:	62,5 pulgadas (159 cms.)
Peso:	10,4 libras (4, 7 kg.)

Calibre de a 19 balas de plomo por libra.

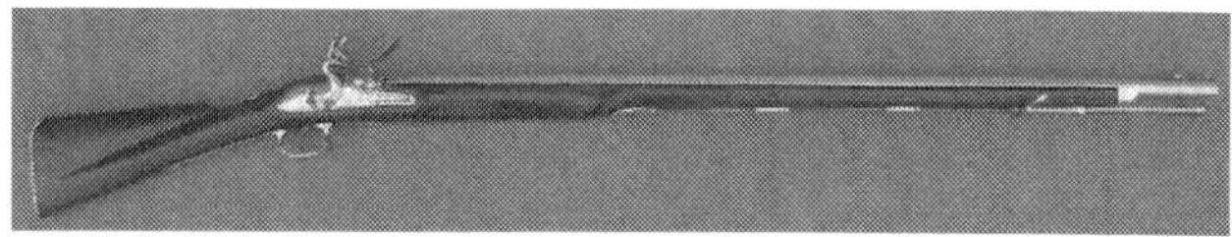

SHORT LAND PATTERN.

En servicio 1740-1797

Long total: 58,5 pulgadas (149 cm)

Peso: 10,5 libras (4,8 kg.)

Calibre de a 19 balas de plomo por libra.

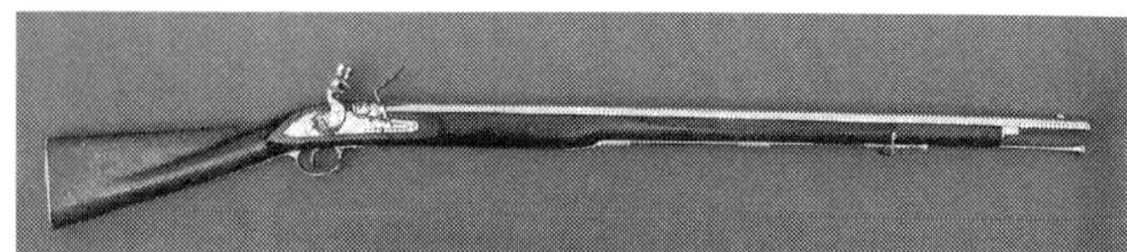

INDIAN PATTERN.

En servicio 1797 – 1854

Long. Total: 55,25 pulgadas (140,3 cms.)

Peso: 9,68 libras (4,39 Kg.)

Calibre de a 19 balas de plomo por libra.

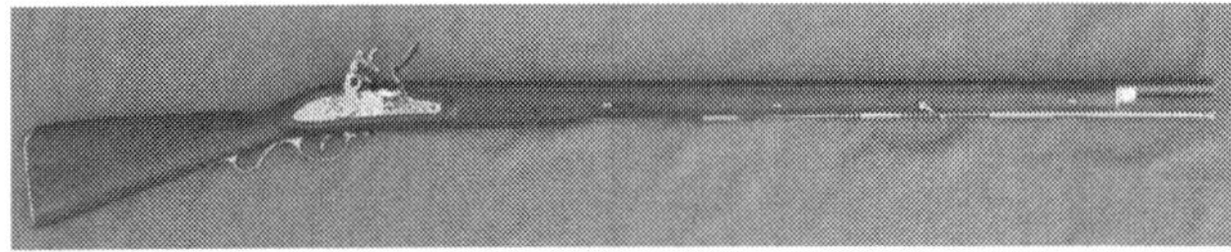

NEW LAND PATTERN: Diseño de Infantería Ligera.

Longitud total: 55,5 pulgadas (141 cm.)

Peso: 10,06 libras (4,56 Kg.)

Calibre de a 19 balas de plomo por libra.

FUSILES ESPAÑOLES

Los fusiles utilizados por las tropas españolas, durante el período, corresponderían a uno de los modelos siguientes:

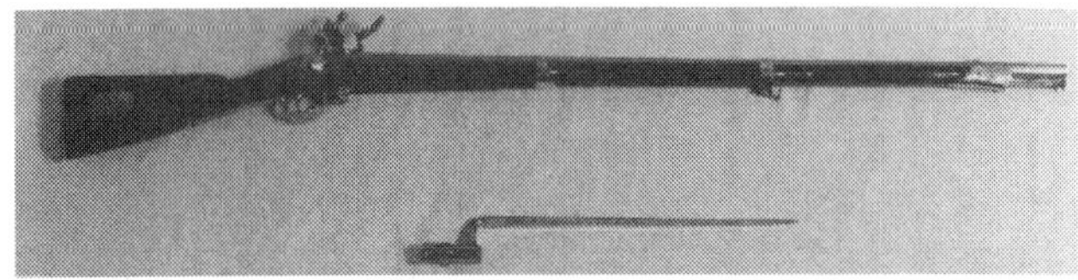

Copia del fusil francés Mod. "año IX"

Longitud total: 138 cms.

Calibre 16, 17 o 18 en libra

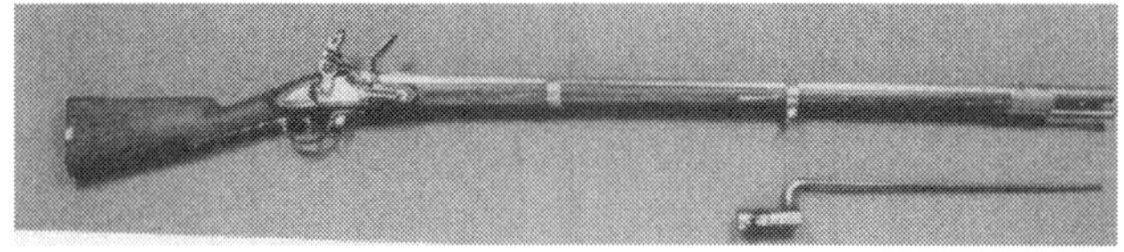

Fusil liso de chispa Modelo 1815

Longitud total: 143 cms

Peso total: 4,40 kgs

Calibre de a 17 en libra

CARABINAS –TERCEROLAS.

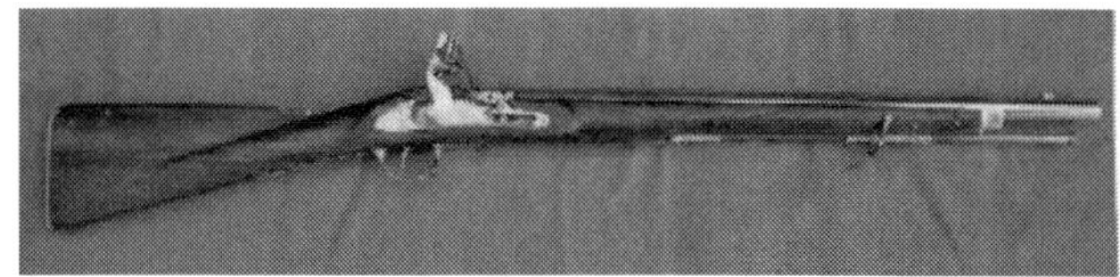

Carabina Caballería Inglesa.

En servicio 1796 -1838

Longitud total: 108 cm

Peso: 3.34 Kg.

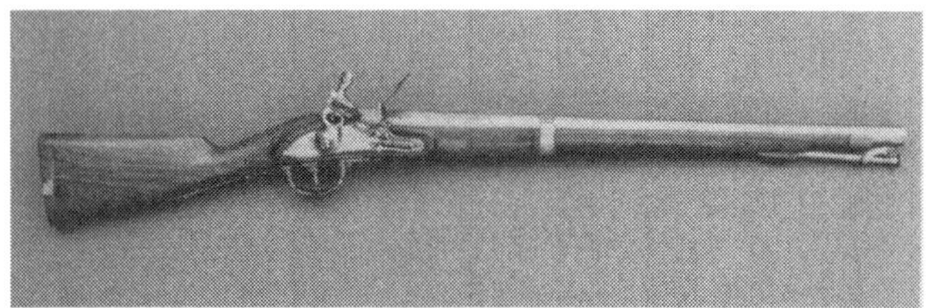

Tercerola española de caballería modelo 1815.[285]

Longitud: 1305mm.

Calibre: 18 en libra

PISTOLAS :

Ambos bandos utilizaban pistolas iguales o similares a los siguientes:

Pistola inglesa con charnela para la baqueta.

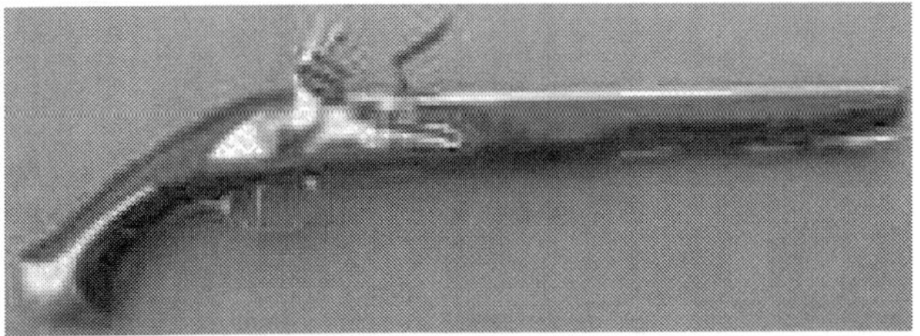

Pistola de Dragón.Fabricación inglesa

285 Véase Gómez Ruiz, Manuel y Alonso Juanola: *El Ejército de los Borbones* Madrid. Servicio Histórico Militar. 1989. p.311.

Pistola inglesa de Caballería. 1809. Llave Tower.

Longitud total: 35 cms.

ARMAS DE CABALLERIA

Armas de asta

La lanza, arma netamente ofensiva era una de las armas más antiguas de la caballería, cuyo objeto era llegar al enemigo a una distancia tal en que pudiese herirle o matarle antes de que éste tuviese ocasión de usar sus armas de puño. El uso de esta arma requiería de habilidades y circunstancias particulares para ser realmente efectiva. Contra la infantería el lancero era mortal. Cuando había mal tiempo los soldados disparaban con dificultad y los lanceros podían atacar a la infantería formada en cuadro, siendo también muy efectivos contra las dotaciones de artillería,

Esta arma de caballería en el ejército español reglamentada en 1815 tenía una longitud del asta de 2,8 metros y la hoja de 235 cm[286] con un diseño particular en la punta, una cruceta cortabridas.

[286] Grávalos González, Santiago: *Los Lanceros.* Valladolid. Quirón ediciones. pp. 41- 42.

En el campo republicano el arma empleada por la caballería era por excelencia la lanza, de fabricación rudimentaria, la cual tenía cerca de cuatro metros de longitud[287] constituida por una vara de madera flexible con una punta aguda endurecida al fuego , o con una punta de acero llamada moharra o cuchara de bordes filosos; Esta arma era el elemento primordial en la unidades de caballería llanera en ambos bandos, tanto por la longitud del asta como por la manera como el llanero la usaba al cargar, que consistía en tumbarse de lado a la manera de colear toros, lo cual ofrecía poco blanco al adversario y le permitía hacer un mejor contacto con el oponente en el campo de batalla.Los llaneros eran temibles soldados, no solo por el uso de su arma característica, sino porque la acompañaban con otras complementarias para su defensa inmediata: una pistola de arzón, para dar aviso estando de centinela o como último recurso en el cuerpo a cuerpo; un sable y también una carabina o un trabuco. La gran mayoría de ellos utilizaba un cuchillo de batalla o una punta de lanza para casos extremos.

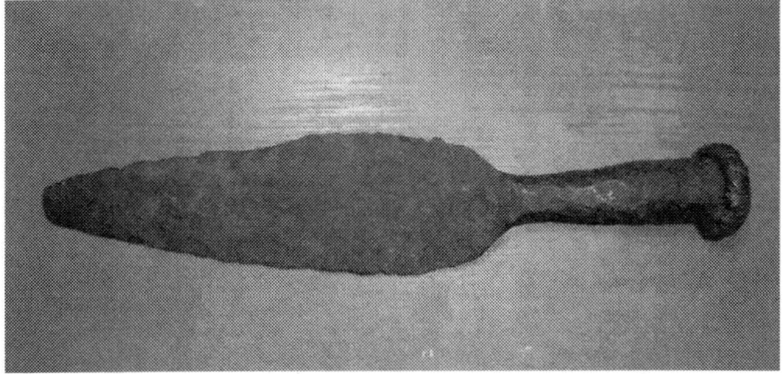

Hierro de Lanza del siglo XIX. Colección del autor.

287 Bencomo Barrios, Héctor: *La Campaña de Carabobo*...ob.cit. p.38.

Trabuco: El trabuco es un arma de fuego de avancarga, de grueso calibre, con un cañón corto y usualmente acampanado. Es un predecesor de la escopeta, adaptado para servicio militar y defensivo. Se cargaba con balas de plomo, pero en ocasiones con pedazos de hierro o clavos, lo que le permitía alguna versatilidad, pero terminaba dañando el arma. Era arma favorita de las unidades llaneras de caballería. Existe evidencia de que fueron usadas por las tropas de Zaraza y Monagas.[288]

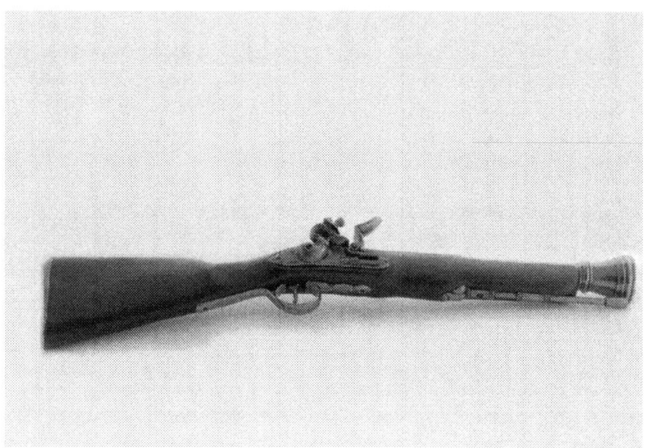

[288] Zaraza, Lorenzo: *La independencia en el llano*...pp.283-287.

SABLES:

La espada o sable se compone de tres piezas principales, que son: la guarnición o empuñadura, la hoja y la vaina, dos anillas para suspenderla del cinturón que debe tener los dos correspondientes tirantes.

Los sables disponibles durante el período eran iguales o similares a los modelos siguientes:

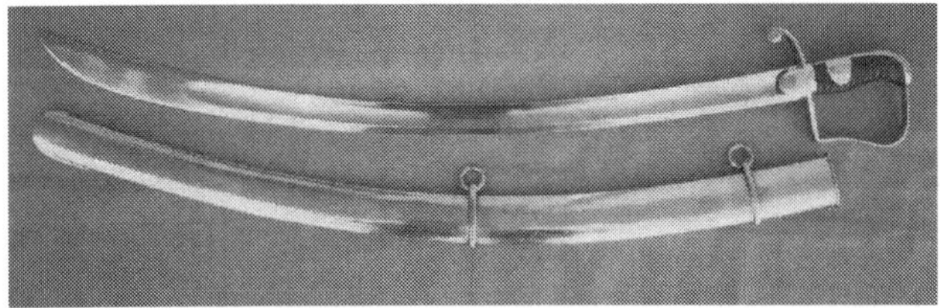

Sable de Caballería británico, *modelo 1796.*

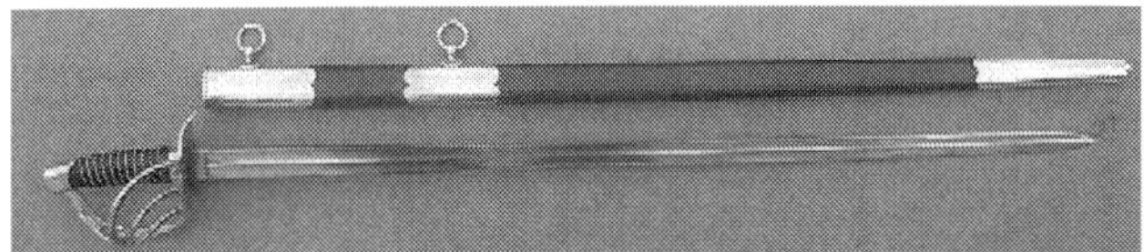

Sable francés de Dragones.

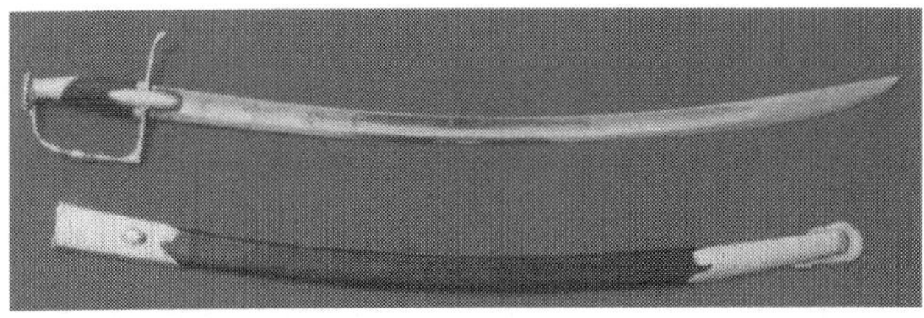

Sable francés. Caballería ligera

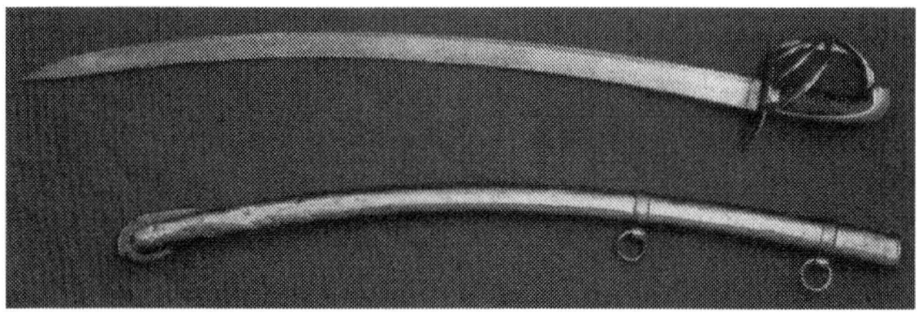

Sable de Caballería Ligera Española modelo 1815.

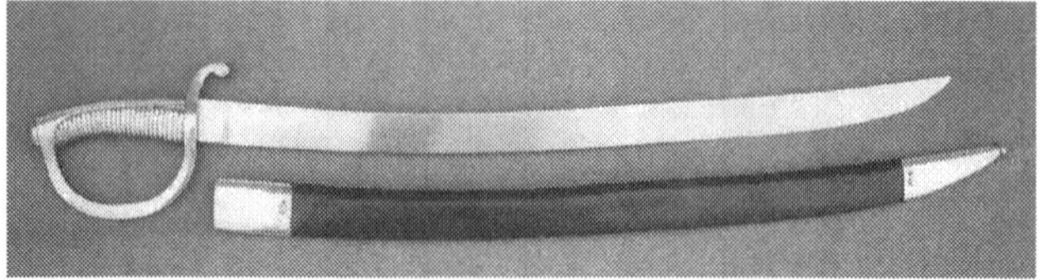

Sable Briquet de Oficial de Infanteria. 1815.

ARTILLERIA.

Cañones de 4. libras

Durante la campaña ambos bandos utilizaron el cañón de 4 libras. Esta pieza era el cañón más ligero dentro de la artillería de campaña de la época y se utilizaba como arma de acompañamiento y apoyo de fuego inmediato a los batallones de infantería, similar al papel que más tarde cumpliría la ametralladora. Era relativamente fácil de transportar por los escasos caminos de la época y generalmente se hacía desmontado y a lomo de mula. Tenía un alcance máximo de 730 metros cuando se usaban balas macizas de hierro o bronce y de 400 metros cuando se disparaban botes de metralla, Su ritmo de disparo era de un máximo de dos disparos por minuto en dotaciones muy bien entrenadas. Los cañones no tenían sistemas de amortiguación y era necesario emplazarlos de nuevo en batería después de cada disparo mediante cuerdas a las que se enganchaban los artilleros, una distancia cercana a los 2 metros. Un servidor introducía una baqueta mojada en el ánima para apagar las partículas incandescentes dejadas por el último disparo.

Esta pieza tenía una escuadra de seis artilleros para su servicio y uso. Los servidores seguían un proceso exacto para cargar, apuntar y disparar. Mientras se tapaba el oído del cañón manualmente para evitar cualquier explosión prematura, se colocaba una nueva carga que se introducía con el atacador. Se cebaba. Se verificaba la puntería comprobando la elevación del cañón. Se acercaba el botafuego al oído del cañón y se disparaba.

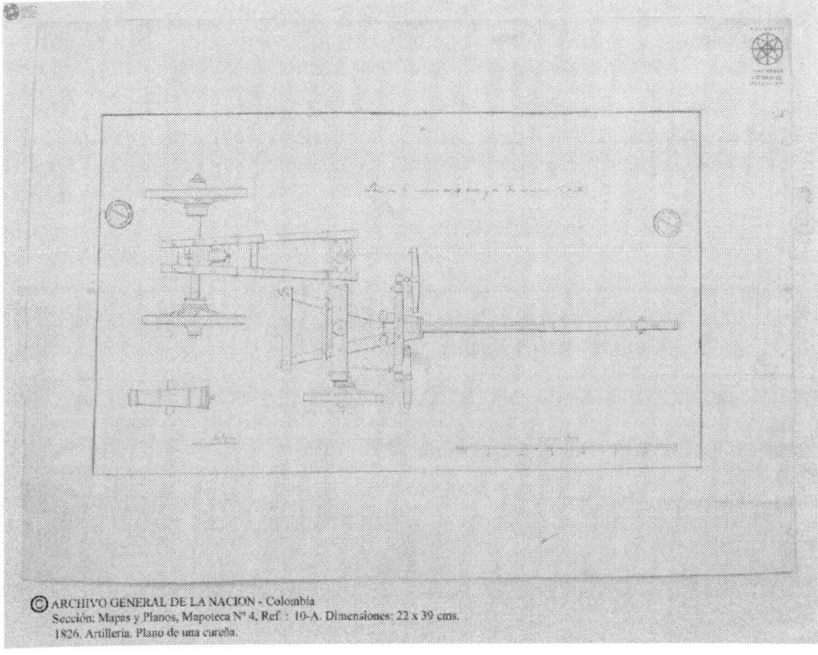

© ARCHIVO GENERAL DE LA NACION - Colombia
Sección: Mapas y Planos, Mapoteca Nº 4, Ref.: 10-A. Dimensiones: 22 x 39 cms.
1826. Artillería. Plano de una cureña.

ALIMENTACION

Una de las cosas más complicadas en el desarrollo de una operación militar lo constituye la solución de los problemas de aprovisionamiento y suministros para las tropas.

Alimentar un número considerable de tropas todos los días y más de una vez al día es un asunto indispensable y de marca mayor. Si el ejército no come, entonces no puede pelear, y además se amotina. Como hemos señalado antes, tanto las propias condiciones del teatro de operaciones venezolano, como las nuevas doctrinas de guerra producto de la revolución francesa, no aconsejaban el uso de trenes de abastecimiento, pero, tratándose de una operación de cambio del teatro de la guerra, Bolívar en la etapa de planeamiento inicial de dicha operación tomo medidas que permitieran garantizar el suministro de alimentos, al menos en las primeras etapas del desembarco en Ocumare y el hipotético establecimiento de una base de operaciones en ese territorio.

En efecto, desde unos quince días antes de la fecha de partida de la expedición, Bolívar empieza a encarar el problema de la alimentación de las tropas como elemento clave para las futuras operaciones que tenía en mente.

Como la única técnica de conservación de alimentos existente lo constituía el uso de la sal sobre la carne o el pescado seco, puesto al sol, lo que permitía una durabilidad de entre cuatro días a un mes, dependiendo de la técnica de salazón que se usare, y ante la falta de ganado en la zona de Carúpano,

Bolívar ordenará realizar varias batidas de pesca con los habitantes de la zona a fin de obtener la mayor cantidad de pescado para alimentar las tropas en las futuras operaciones a realizarse.[289]

De igual manera, se ordena hacer acopio de plátanos, tanto para racionar a las tropas como para hacer una especie pan, llamado "fifí", que era muy consumido por las tropas patriotas de la época.[290]

También se ordenó utilizar los barriles de harina disponibles para elaborar galletas, con destino tanto a las tripulaciones de los buques, como a las tropas de tierra.[291]

No se trataba de la galleta que conocemos hoy día, sino de tortas de harina delgadas y poco fermentadas, de manera que la doble o triple cocción eliminase toda traza de humedad en las mismas. La duración en perfecto estado de este tipo de galleta era de entre siete meses y dos años. Para comerlo, lo más habitual era mojarlo en agua para ablandarlo y así poder morderlo o cortarlo con el cuchillo reglamentario[292].

Esta información nos permite inferir que, para el momento del inicio de la marcha de MacGregor hacia Oriente por la vía de los

---

289 Bolívar al Comisionado de Playa Grande ordenando realizar faenas de pesca. Carúpano, 16 de junio de 1816 en *Escritos, IX*. p. 228; Bolívar al Gobernador del Cuartel General...ibídem p.235.

290Bolívar a Teodoro Figueredo y a Judas Tadeo Piñango en *Escritos IX*... p. 307.

291 Bolívar a Arismendi en *Escritos IX*... p. 286.

292 Agradezco a los investigadores Ricardo Jiménez, José Gregorio Maita y Ramón Rivero Blanco de la página Web *Historia Náutica de Venezuela*, por la ayuda prestada para la descripción de dicho rubro.

llanos, la ración individual del soldado, al menos en los primeros días de marcha, constaba de galletas, pan de plátano y sardinas conservadas en sal.

Después de la ocupación de La Victoria, las tropas han debido ser abastecidas con recursos locales provenientes de las bodegas y llevar, igualmente, pedazos de cañas de azúcar y panelas de papelón obtenidas de los trapiches y sembradíos de la zona. El mismo procedimiento ha de haber ocurrido, con mucha probabilidad, después de la ocupación de San Sebastián de los Reyes.

Sabemos que una de las razones del asalto a las casas fuertes de Chaguaramas fue la falta de alimentación de las tropas al agotarse las raciones, pues existen evidencias de que la tropa no había comido ese día[293]. Igualmente, la ocupación del estanco del tabaco en esa población permitió a las tropas hacerse de ese recurso y utilizarlo para liar cigarros y fumar, cosa que les permitió mitigar el hambre hasta que, al encontrase con los escuadrones llaneros de Belisario e Infante, pudieron consumir carne asada proveniente de las requisas hechas por esas unidades[294].

Ya en San Diego de Cabrutica, durante el período de descanso y preparación para la posterior ocupación de Barcelona, las raciones deben haberse basado, pues era usanza

---

[293] Rafter, M: *Memoirs of Gregor MacGregor*...ob. cit.p.78; Baralt y Diaz: *Resumen*...ob. cit. p.333.

[294] Baralt y Diaz: *Resumen*...ob. cit. p. 334; Vélez, Francisco: *Rasgos*...ob. cit. p. 38.

de la época, en la carne secada o salada al sol y denominada tasajo.

Sobre este último alimento debemos extendernos un poco. Antes de que la refrigeración de la carne transformara la industria ganadera, paso que comenzó hacia la década de 1860, la carne se consumía, al momento o se preparaba en largas tiras las cuales eran saladas y colocadas a secar al sol. Este tipo de preparación se conoce con el nombre de tasajo y permitía una durabilidad estimada entre dos semanas y tres meses, dependiendo de la técnica de salación y el tiempo de curada al sol. En los llanos orientales se complementaba con plátanos, arepas o casabe.

Como podrá observarse fácilmente, este era el alimento ideal para las tropas que tenían que hacer largas marchas durante la guerra y también de todo aquel que quisiera desplazarse a medianas o grandes distancias, previendo la posibilidad de no encontrar alimentos en el camino. Aunque ya ha caído en desuso, por razones obvias, todavía puede encontrarse tasajo en algunos pueblos de Guárico, Barinas, Apure y las llanuras al sur del Caura y Orinoco.

El ejército realista, por su parte, se bastecía de forma similar, con el agregado de utilizar el sistema de requisiciones de alimentos en los pueblos bajo su control político y militar.

Este sistema, utilizado también por los patriotas durante 1813-14, consistía en asignarle a cada jefe político o militar de cada pueblo un determinado número de raciones a tener preparadas con antelación en el momento en que las tropas pasasen por esa localidad. Las comunicaciones eran llevadas por mensajeros armados quienes se adelantaban uno o dos días a la marcha del resto de las tropas, a fin de garantizar que dichas raciones estuviesen disponibles a tiempo. Este sistema tenía la ventaja de permitir el rápido desplazamiento de las tropas sin necesidad de atarse a un tren de abastecimientos, pero, a su vez, ataba a las tropas a seguir determinada ruta preestablecida, lo que, como en el caso que nos ocupa, facilitaba el desplazamiento de una tropa perseguida, si ésta dependía de sus propios recursos y usaba rutas o caminos diferentes.

La ración típica mandada a preparar para las tropas españolas consistía en tasajo, arepas y menestra, ya fuese ésta fina (arroz) o gruesa (granos o garbanzos) y una porción de maíz o malojo para los caballos.[295]

El otro equipo de importancia, si es que se contaba con él, consistía en los servicios médicos para las tropas. Dentro de las tropas patriotas tenemos evidencia de la presencia del cirujano Cervellón Urbina y de dos cajas de cirugía y medicinas, lo que sugiere que, al menos los casos menos graves, fueron atendidos para ponerlos en condiciones de volver a combatir con

---

[295] Casa fuerte: Edificación de mampostería que contaba con fortalezas y reparos contra el enemigo, así como con la capacidad para autoabastecerse de agua y municiones de boca y guerra durante un tiempo medianamente prolongado. Véase Cabanellas, Guillermo: Ob. cit. Tomo 1. P.741

prontitud.[296]

UNIFORMES Y EQUIPOS

El equipamiento básico para las tropas de infantería de la época consistía en el morral y las cartucheras. El morral es un implemento del que no se puede prescindir en una marcha. Allí el soldado llevaba sus cosas más necesarias para sobrevivir. Posiblemente una muda de ropa, unas medias y algunos útiles de aseo (jabón, cepillo, peine etc.) y lo más importante para él -si es que se la entregan-una ración de comida [297] . Las cartucheras, en forma de correajes cruzados, servían para depositar los cartuchos embalados, de 50 a 60 por hombre y las piedras de chispa (dos por hombre) necesarias para provocar la ignición de la pólvora que daba lugar al funcionamiento del fusil.

Existen muy pocas evidencias de dotación de uniformes a las tropas patriotas que participaron en la campaña de 1816. Generalmente los oficiales compraban o adquirían los uniformes sin ceñirse a reglamentación alguna y se trataba de casacas o chaquetas estilo militar de los más variados colores y diseños, de acuerdo con lo que se pudiese conseguir en los mercados producto de los excedentes de las guerras napoleónicas. En

---

296 *Escritos*...ob. cit. Tomo IX. pp. 26-27; Vélez, Francisco: *Rasgos*...ob. cit. p.39 Para lo que contenía una caja de ese tipo véase el anexo correspondiente. Agradezco a los Doctores y médicos cirujanos Jesús Manuel Rodríguez, Gustavo Villasmil y Daniel Sánchez sus precisiones acerca del uso para la época de los rubros allí descritos y su aplicación en la medicina y cirugía de guerra.

297 Lanz, Julio César: *Historias marineras y algo más*. Caracas. Rivero Blanco Editores.2014. pp.288-289

cuanto a las tropas, existe evidencia de la adquisición de uniformes por parte de Bolívar como preparación a la expedición de Los Cayos. En carta a Martín Tovar Ponte, fechada en Saint Thomas el 12 de agosto de 1816, José Rafael Revenga señala que Bolívar había dejado 400 vestidos de paño a disposición de las autoridades militares de la Isla[298], lo que permite inferir que las tropas que desembarcan en Ocumare contaban con su dotación de uniformes, si bien las condiciones climáticas y la idiosincrasia de las tropas influían para que el mismo no se usara durante los entrenamientos o desplazamientos. Por otra parte, existen diversas comunicaciones de Bolívar fechadas en Carúpano en junio de 1816 que se refieren a dotaciones de uniformes, zapatos, morriones, cucardas y mochilas[299] En el caso de las tropas llaneras, tanto de Zaraza y Monagas como las de López y Morales en el bando realista, conservaban sus atuendos originales, adaptados al clima y al terreno.

---

298 *Carta de Juan José Revenga a Martín Tovar Ponte,* fechada en Saint Thomas el 12 de agosto de 1816 en Boletín de la Academia Nacional de la Historia del 30 de septiembre de 1913. Y reproducido en el Tomo XX enero-marzo de 1937.p. 102.

299 *Escritos…*Tomo IX. pp. 232, 251,282.

UNIFORMES.[300]

Representación idealizada del uniforme de la infantería patriota en la Campaña de 1816, en base a la documentación descrita.

300 Los uniformes aquí representados forman parte del Proyecto Uniformes del Ejército Venezolano en la Independencia, propuesto en 2011 al Comando General del Ejército, bajo la dirección de quien escribe y con dibujos de la artista Laura Liberatore.

Caballería llanera.

Infantería Española.[301]

Regimiento Unión Expedicionario.

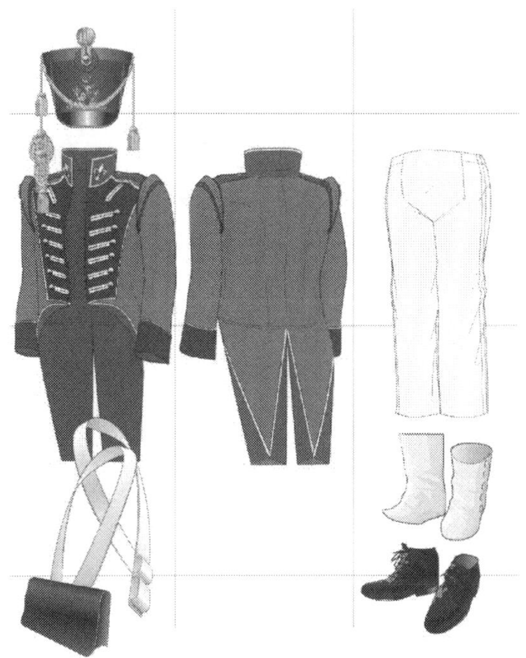

[301] Se refiere exclusivamente a los batallones del Ejército expedicionario de Costa Firme. Tomados del libro de Gonzalo Pulido Ramírez: *De Carabobo al Cerro de la Mona*. Caracas. Edición del autor.2014.

Regimiento Castilla Expedicionario.

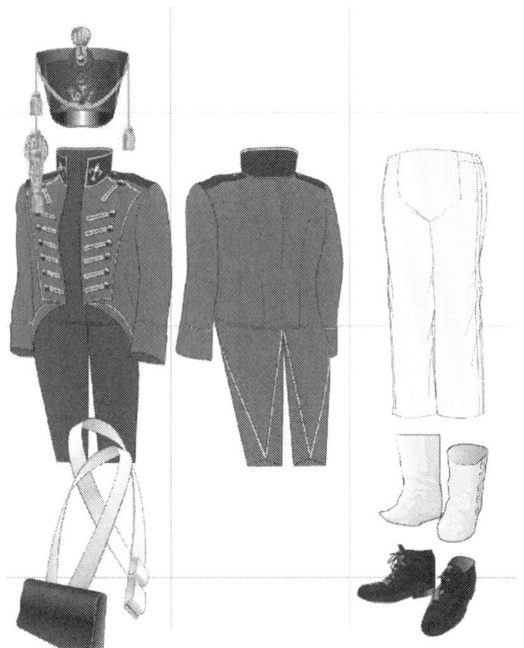

Húsares de Fernando VII Expedicionario (Caballería).

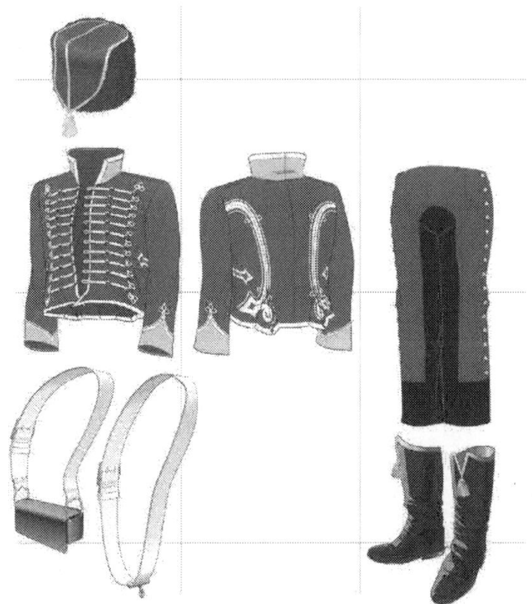

Caballería llanera.

CONSIDERACIONES FINALES

La Campaña de 1816 iniciada en el mes de julio y culminada con la acción militar o batalla de El Juncal, ocurrida el 27 de septiembre de 1816, es un acontecimiento de la Guerra de Independencia muy escasamente estudiado, tal y como ocurre con la mayoría de las acciones militares de época en las que no participa el Libertador Simón Bolívar. En el caso que nos ocupa la dificultad es mucho mayor pues no se conservan diarios de operaciones, instrucciones de coordinación y el Boletín en que se detalla la acción de El Juncal fue publicado trunco, refiriéndose solo a los inicios del combate.

Esa circunstancia ha dado pie a diversas interpretaciones tanto historiográficas como netamente militares, en las que predominan, por un lado las diversas concepciones de los autores y por otra los "celos bolivarianos" que intentan demostrar la inmensa superioridad del Libertador ante la escasa efectividad, pericia y profesionalismo militar del resto de los próceres de la independencia. Esa concepción termina por imponerse y a partir de allí son numerosos los historiadores que analizan los hechos de armas de la Independencia sin realizar la más mínima crítica histórica sobre las fuentes utilizadas o sobre las características generales que conlleva el análisis de un hecho de armas.

Con motivo de haber sido puesta a la disposición de los investigadores los documentos que reposaban en el Archivo Restrepo de Bogotá, mediante la apertura on line de los mismos, nuestras investigaciones nos permitieron localizar las copias de los boletines del Ejército del Centro, las cuales efectivamente no fueron destruidas por Restrepo, pero que se encontraban mal catalogadas en la organización del referido repositorio documental, razón por la cual no habían sido citadas hasta la fecha. Allí, logramos encontrar la parte faltante del Boletín Nº 7, cuya redacción arroja nueva luz sobre lo acontecido en el campo de batalla de El Juncal y permite desvirtuar, interpretaciones, consejas, leyendas y detracciones deformantes que han signado la historiografía de este hecho de armas.

La lectura del Boletín Nº 7 completo, nos describe el desarrollo integral de la batalla, lo que, al complementarlo con las otras fuentes disponibles de época, permite el análisis integral del hecho de armas. En segundo lugar, queda absolutamente clara la presencia del general Manuel Piar en el campo de batalla durante todo el desarrollo de la misma. De la lectura del Boletín se entiende que el susodicho general ejerció el comando en jefe, dio las órdenes pertinentes en cada etapa de la batalla, ordenando las evoluciones tácticas, el ataque final a la bayoneta y la persecución al ejército realista fuera del campo de batalla, lo que desmiente totalmente la versión de Vicente Lecuna y sus seguidores. Por lo tanto, dicha concepción debe, en función de los hallazgos citados, descartarse.

No obstante, el hallazgo de esa fuente, de capital importancia para modificar el nivel de comprensión de ese hecho histórico, no parece suficiente para explicar los pormenores de esa campaña y los hechos de armas allí acaecidos, si no nos proponemos estudiarlos bajo el rigor de una metodología para el estudio de las mismas, que pueda sobrepasar las efemérides épicas y las repeticiones constantes, que flaco servicio prestan a la comprensión de nuestro propio proceso de independencia. La descripción y análisis de los hechos de armas conocidos como campañas y batallas deben tomar en cuenta la existencia o la falta de cada uno de estos elementos. Este tipo de consideraciones, brillan por su ausencia en la historia militar venezolana. Esto se debe, no solo a las razones anteriormente señaladas sino a la falta de compulsa entre tres elementos fundamentales en el análisis de los hechos de armas: la necesaria relación entre el pensamiento y los usos militares de época, los documentos escritos sobre y alrededor de determinado hecho de armas y el análisis del terreno donde sucedieron los hechos.

Desde el momento en que por ausencia de Bolívar, los oficiales comandantes de batallón deciden designar para el mando de las tropas que se encontraban en Ocumare y zonas aledañas al general Gregor MacGregor, quien formaba parte de la expedición, pero venía en la misma sin mando nominal, se da inicio al desplazamiento de las tropas hacia el interior del territorio de Venezuela. Esta operación militar ha sido denominada de distintas maneras, de conformidad con el parecer de cada historiador que se ha ocupado de ella. Algunos la han denominado como la retirada de los 600, haciendo, en algunos casos, paralelismos con la Anábasis de Jenofonte. La operación que llevará a cabo MacGregor a partir del mismo momento en que es designado jefe de las tropas, es una marcha para cambiar el teatro de la guerra, cualquiera que fuese la reunión a ser efectuada primero, dada su extrema debilidad en caballería y el desconocimiento que se tenía respecto a la ubicación de las fuerzas amigas en el terreno hacia donde se desplazaban. Por tanto, hablar de una retirada o penetración es un error conceptual y debe ser revisado.

Desde el punto de vista netamente militar, La aparición de la parte faltante del Boletín N° 7 del Ejército del Centro, permite cambiar el nivel de comprensión en relación con lo acaecido en el campo de batalla de El Juncal. la Batalla de El Juncal. La maniobra efectuada por el general Manuel Carlos Piar, la constituye una formación en el llamado "Orden Delgado", con los batallones de infantería colocados en línea y formados en columna, protegidos por caballería, mientras que las tropas de Morales adoptan una formación en columnas cerradas, con sus alas protegidas, igualmente por unidades de caballería, es decir, adopta el llamado "Orden Grueso". Se trata, pues del enfrentamiento entre columnas de batallón contra líneas de batallón. Una vez estabilizado el frente, que se ve comprometido por la carga temprana de una unidad de caballería realista, Piar ordena una carga general a la bayoneta en columna, a lo largo de todo el frente, mientras las unidades de caballería toman el flanco izquierdo del adversario, produciéndose así una batalla táctica de ala, característica de la forma de luchar de los ejércitos durante el período.

La Batalla de El Juncal, traerá como consecuencia inmediata la liberación de la provincia de Barcelona y la formación de una base de operaciones, que a su vez implicaba la formación de una línea de comunicaciones, tanto con la Isla de Margarita como con el exterior, lo que permitía la recepción de recursos bélicos como el emprendimiento de operaciones sobre el interior del país. De allí partiría en octubre del mismo 1816 el ejército destinado a operar sobre Guayana y allí llegaría en enero de 1817, el Libertador Simón Bolívar con tropas y recursos producto de la segunda expedición de Los Cayos.

ANEXO DOCUMENTAL

1. Parte faltante del Boletín Nº 7 del Ejército del Centro en que se describe la Batalla de El Juncal. **Archivo Restrepo. Bogotá, pieza ahrestrepo_f1_v26_pza7.**

—231—

mayor de sus mismas posiciones, a que se consideraban decididos [illegible] sus adversarios; i por el propio tiempo la caballería del ala derecha cargó sobre el enemigo por su izquierda. Esta maniobra dirijida por el General Mac Gregor i ejecutada con rapidez i denuedo sin igual, desconcertó enteramente al enemigo q. sin aguardar el choque huyó vergonzosamente, dejando en nuestro poder todo su equipaje, 4000 cartuchos, mas de 300 fusiles que únicamente pudieron recojerse a causa de lo anegado i montuoso del terreno por donde en desorden se precipitaban sus tropas especialmente, cuatrocientos prisioneros, i el campo sembrado de cadáveres.

El Gral Mac Gregor recibió orden de continuar la persecución del enemigo: la caballería del ala Dra, la de permanecer en el campo de batalla hasta nueva disposición, i el Gral en Jefe volvió a la ciudad a tomar ciertas providencias indispensables pa la continuación de la campaña.

Cuatro horas fueron bastantes pa determinar la orgullosa división con que Morales pensó aniquilar pa siempre el fuego sagrado de la libertad, confiado en la superioridad de su número, i en las [illegible] al orden i entusiasmo de la tropa i oficiales, la acción se habría terminado en cuatro momentos.

Nuestra pérdida fue consistida en el Teniente [illegible], i 17 soldados muertos; ocho oficiales de todos grados i 93 soldados heridos.

Cuartel Gral de Barcelona 29 de

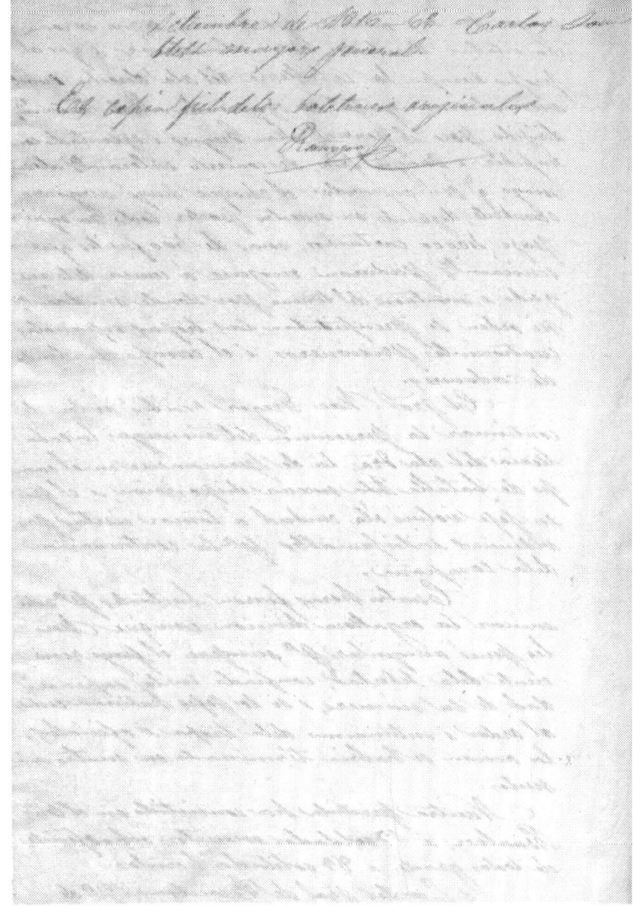

"...En este estado se dispuso que la línea atacase a la bayoneta las columnas enemigas en sus mismas posiciones, que se conocía estaban decididos a no abandonar, i que al propio tiempo la caballería del ala derecha envolviese al enemigo por su izquierda. Este movimiento dirigido por el general MacGregor i ejecutado con rapidez y sangre fría, desconcertó enteramente al enemigo, que sin aguardar el choque huyó vergonzosamente, dejando en nuestro poder todo su equipaje, 40.000 cartuchos, más de 500 fusiles que únicamente pudieron recogerse a causa de lo anegado i

montuoso del terreno por donde sin dirección y orden se precipitaron las tropas españolas, cuatrocientos prisioneros i el campo sembrado de cadáveres.

El general MacGregor recibió orden de continuar la persecución del enemigo: la caballería del ala derecha, la de permanecer en el campo de batalla hasta nueva disposición, i el general en jefe volvió ala(sic) ciudad a tomar ciertas providencias indispensables para la continuación dela(sic) campaña."

2. Carta del brigadier Francisco Tomás Morales al teniente general Pablo Morillo, fechada en Altagracia de Orituco el 13 de noviembre de 1816, en la que le hace un recuento de la acción militar de El Juncal. Archivo del Conde de Cartagena (Pablo Morillo). **Real Academia Española de la Historia signado bajo el número 9/7661, leg. 18, a), ff. 81-86.**

Altagracia de Orituco, 13 de noviembre de 1816

Excmo Sr: las incesantes ocupaciones de la Guerra no me han permitido poner en su noticia los últimos acontecimientos en el llano oriental de esta provincia.

Desde que salí de Chaguaramas tomé la vía de Santa María de Ipire sin perder las huellas de los reveldes que siguieron sin detenerse al pueblo de S. Diego de Cabrutica, en cuyp tránsito logró Gregorio Macgregor reunir infinidad de partidas de su devoción con los cuales se incrementó en términos de poder obrar.

Desde San Diego hasta donde también les seguí retrogradó sobre la villa de Aragua y en el sitio del Alacrán consiguió barrer completamente la fracción del Teniente Coronel D. Rafael López, y sin

obstáculo alguno ocupo Barcelona. Carecía de convencimiento si e hallaba circunscrita la plaza de Cumaná por los reveldes Piar y Mariño de consiguiente eran dueños del Orinoco, me dirigí hacia Barcelona con mil, y quinientas plazas de todas armas, con el objeto de espulsar de allá al enemigo, para continuar mi comisión ala Margarita.

El 26 de Sept. salí del Carito, desde donde destaqué a mi Ayudante D. Narciso Lopez con doscientos hombres a reconocer los pueblos de la Margarita, S. Lorenzo, Píritu y me acampé en el nombrado el Juncal, quatro leguas de Barcelona. El 27 se presentó el enemigo con guerrillas de encubiertas para inquirir mi posición y fuerzas, a las seis formó su linea colocando dos piezas del artillería de a 4 en su centro. Me preparé para la acción, tomando las medidas que me parecieron más acertadas para conseguir la victoria: Los rebeldes tenían mil infantes y ochocientos de caballería, fuerzas superiores a las mías: me atacaron de frente y por 1ª ocación quedó frustrado su intento, pues el bizarro comandante Alejo con ochenta soldados de caballería, unica fuerza que tenía de esa arma apollados con doscientos infantes en guerrillas castigó su ozadia destrozando completamente su izquierda: el resto de la infantería despreciaba de un modo increyble las balas de cañón, fusil y metralla del enemigo, en términos que habiendo cargado éste con seiscientos caballos y mucho más nº de infantes sobre mi izquierda, nuestras tropas dieron el último ejemplo de valor en sus filas haciendo un fuego vivísimo para contener el enemigo: no fue posible conseguirlo. En este estado dispuse mi retirada en el mejor orden a un bosque que había inmediato, apollado por el esquadron del expresado Alejo, el cual puso a salvo todos los heridos. Con las tropas que pude reunir me dirigí al pueblo de S. Bernardino y continué mi marcha que hice en quatro días ala izquierda del río Unare.

La acción duró quatro horas: fue obstinadísima: el enemigo ha tenido quinientos heridos e infinidad de muertos, por nuestra parte cientocinquenta de los 1eros y como ciento de los 2dos, habiendo

cumplido con sus deberes los oficiales y tropas de mi división." Morales

3. Relato que hace el Teniente de Infantería Hipólito Agudo de los días que estuvo prisionero de los enemigos tras la acción del Juncal. Altagracia, **13 de noviembre de 1816. Real Academia Española de la Historia. Archivo del Conde de Cartagena. Signatura: Sig. 9/7661, leg. 18, a), ff. 87-88.**

En el pueblo de Altagracia de Orituco a trece días del mes de noviembre de 1816 años, se presentó el teniente de infantería de la tercera compañía del tercer batallón del Rey Don Hipólito Agudo, de cuyo cuerpo se hallaba separado desde la acción del Juncal por haber sido prisionero de los rebeldes y preguntándole diga bajo palabra de honor cual fue el motivo de su prisión, de su venida, fuerza que tiene el enemigo y por los temas que haya sobre estos particulares como de las disposiciones que toma para obrar y puntos en que se halla y como también los soldados, cabos, sargentos y oficiales de las tropas del Rey que sirven en las banderas de aquellos voluntariamente y el destino que han tenido los prisioneros, dijo: que había sido prisionero en un bosque inmediato a la sabana del Juncal el día 27 de septiembre con algunos soldados y que fueron conducidos a Barcelona y encerrados en un calabozo y fueron libertados a las 24 horas, y que fueron incorporados en clase del soldado en una de las compañías de los rebeldes y a los diez días vino a la villa de Aragua una división de quinientos de infantería y dos escuadrones de carabineros de corto número, quedando de guarnición en Barcelona sólo veinte hombres: que se fugó de la villa de Aragua con diez y seis hombres que se hallaban en la boca del Tuy en la división de Torres y Galarraga: que en su concepto quedaron en esa villa cincuenta prisioneros, todos anhelosos

de encontrar proposición para venirse: que ha visto como veinte soldados del Rey heridos que se están curando en los hospitales de los rebeldes: que oyó decir a un Mayor de ellos, tenían en la villa de Aragua y sus inmediaciones novecientos hombres de todas las armas y que habían mandado un trozo hacia Cumaná: que le es constante presentaron los enemigos en el Juncal dos mil ochocientos hombres: dos mil infantes y el resto de caballería con 3 piezas de artillería de a 4: que Piar se incorporó a Gregorio la víspera de la acción con cuatrocientos fusileros que trajo embarcados y dos escuadrones por tierra: que tuvieron más de setecientos heridos de gravedad y trescientos muertos; que oyó decir iban a mandar tropas a Guayana, Cumaná y Caracas; que Zaraza se hallaba entre Santa María de Ipire y el Valle de la Pascua con quinientos hombres de todas armas: que Gregorio McGregor salió herido en la última acción en San Francisco y se ha embarcado para la Margarita y le ha sucedido en el mando Piar: que estos rebeldes decían habían cogido al Brigadier Morales y tropas hicieron salva en Barcelona por esa noticia: que pasaron por las armas en esa ciudad al comandante de caballería Don Domingo González y que hicieron posición a los 3 días de la acción: que se están curando en Barcelona los subtenientes Arias del Regimiento de Caballería y Torres del del Rey: que le consta sirven voluntariamente a los rebeldes el sargento Nicolás Peña, de la 3ª compañía del 3er batallón del Rey y ha sido ascendido a teniente de Dragones: el cabo de la compañía de La Victoria, Landaeta ha ascendido a capitán: el cabo Romero de la compañía de granaderos del Rey ha ascendido a abanderado: el sargento segundo del batallón del Rey, N. González con la misma graduación y el sargento del regimiento de caballería, Gutiérrez ha ascendido a abanderado: que observó habían varios españoles de los venidos en la expedición sirviendo voluntariamente. De resultas de haber cogido un teniente coronel y presentándosele a Piar nombrándole Lugano o Lugo

y que se hallaba destacado sobre Cumanacoa: Que es cuanto sabe y puede decir en obsequio de su palabra de honor y no firmó porque pidió el favor y lo hice yo, el teniente ayudante de campo, D. Diego Padilla. Diego Padilla.
Es copia del original: Morales

4. Diario de Operaciones del Ejército al mando del Brigadier Pascual Real, del 8 de julio al 6 de agosto de 1816. **Real Academia de la Historia. Archivo del Conde de Cartagena. Sig. 9/7651, leg. 8, h), ff. 243-259v.**

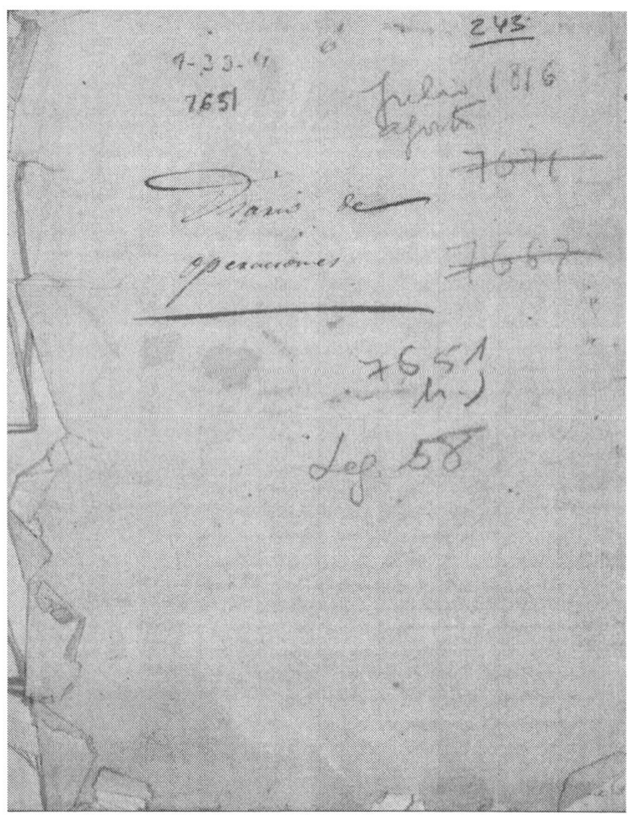
243
7651
1816
Diario de
operaciones
7651
h)
Leg. 58

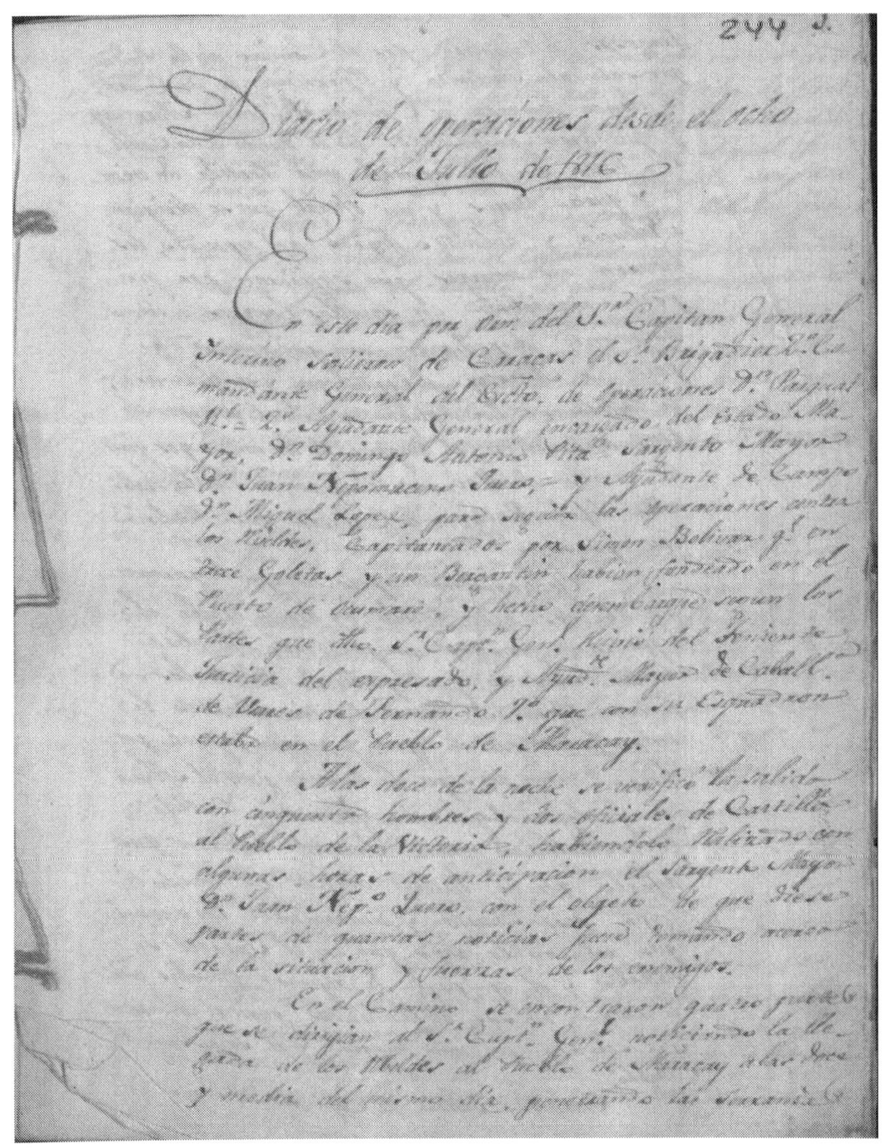

244 J.

Diario de operaciones desde el ocho de Julio de 1816

En este dia por ord. del S.r Capitan General Interino Salvador de Moxó el S.r Brigadier D.n Comandante General del Exto. de operaciones D.n Pasqual M.z 2.o Ayudante General encargado del Estado Mayor, D.n Domingo Antonio Vita, Sargento Mayor D.n Juan Nepomuceno Quero, y Ayudante de Campo D.n Miguel Lopez, para seguir las operaciones contra los Rebeldes, capitaneados por Simon Bolivar q.e en trece Goletas y un Bergantin habian fondeado en el Puerto de Ocumare, y hecho desembarque segun los partes que dho. S.r Capt.n Gral. recibió del Teniente Justicia del expresado, y Ayud.te Mayor de Caball.a de Lanceros de Fernando 7.o que con su Esquadron estaba en el Pueblo de Maracay.

A las doce de la noche se verificó la salida con cinquenta hombres y dos oficiales de Castilla al Pueblo de la Victoria, habiendolo realizado con algunas horas de anticipacion el Sargento Mayor D.n Juan Nep.o Quero, con el objeto de que diese partes de quantas noticias pud[iera] tomando acerca de la situacion y fuerzas de los enemigos.

En el Camino se encontraron quatro partes que se dirigian al S.r Capt.n Gral. noticiando la llegada de los Rebeldes al Pueblo de Maracay á las dos y media del mismo dia, ponderando las fuerzas de Caballería y un Esq.n de Infant.a

Se ofició al S.r Capitán Gen.l las novedades que se habían sabido con inclusión del oficio y Proclama arriba citados y llegada a esta Villa.

Se recibió parte del Ayud.te de Valles avisando que a la una de la noche, se habían visto los enemigos de Maracay, dando parte al momento al S.r Capitán Gen.l con inclusión del original = El Exmo. [illegible] su Marcha por el Punto de la Cabrera, tomando la Montaña de Ocumare por el C.o de la Piedra.

Orden Gen.l a los Valles, Unión, y Vanguardia para q.e remitiesen prontam.te al Estado Mayor, los de fuerza disponible armamento y municiones, con oficio al Comandante de Valles para que marchase a tomar posesión del Pueblo de Maracay.

Día 10

Oficio al Comand.te accidental de Valles previniendole marchara para aquella Villa el Sarg.to May. D.n Juan Nep.o [illegible], y lo auxiliase en todo lo posible en su comisión.

Orden Gen.l para pasar revista a las compañías del Batallón de la Victoria, nombrando Jefe de ella, y Patrullas que le custodian posesión del Pueblo, y situación de avanzadas con Instrucciones correspond.tes acerca de la Vigilancia.

Se tomaron noticias de los caminos y localidad de este Pueblo: Caminos q.e salen de Maracay y otros para Ocumare, y [illegible]

246 v.

para varios puntos y Pueblos.

Se recibieron los Estados de fuerza, armam.to y Municiones de dos Comp.s de Infantería y Cab.a de Milicias de ese Pueblo.

Se recibió del S.r Cap.n Gen.l un oficio con prevenciones p.a las operaciones y disposiciones que había tomado.

A las seis de la tarde salió el Sargento Mayor Luna para Mamacay, con 50 hombres de Infantería voluntarios armados con 48 fusiles útiles y el resto de lanzas, municionados a quince cartuchos, llevando también 30 hombres de Caballería del País, de sable y lanza.

Se dio parte al S.r Capitán Gen.l de las disposiciones que se habían tomado, establecimiento del Cuartel Gen.l de Mamacay tan luego se recibieron en el siguiente correo [illegible] de la [illegible] a los Pueblos, haciendo ver al mismo tiempo la falta de gente de los lugares de Rinconada.

En este día se puso a la Cabeza del Escuad.n de Naranjos el Capitán del mismo D.n José Gutiérrez de los Ríos, que se hallaba de comisión en uno de los Pueblos de los Valles.

Día 11

Por oficio que se recibió del Capitán [illegible] se hallaba en nuestros puestos el Capitán del mismo Escuad.n D.n José la Cámara, situado en las Lomas de Mamacay por la Compañía de Caballería del País al mando de D.n Feliz Vargas, se contestó al expresado quedar enterado, y recomendándole la vigilancia.

6.

Se oficio al administrador de R.l Hacienda de esta Villa para q. inmediatam.te hiciese aprontar de [illegible] del Rey [illegible] Carabinas [illegible], y [illegible] para los [illegible] de los [illegible] en Maracay, y otras inmediaciones tomando para el efecto quantas medidas fuesen necesarias [illegible], afin de no faltar la subsistencia.

Se recibio parte de Lara del Pueblo de Maracay avisando la situacion de la Partida de [illegible], en el Valle de [illegible], y que habia [illegible] con su fuerza, con el objeto de perseguirlo y exterminarlo.

El Capitan D.n Carlos [illegible] con 50 hombres volunt.s sale a [illegible] los [illegible], caminos y desfiladeros que salen a la costa de Ocumare [illegible] de la Montaña de [illegible] de [illegible] y montes inmediatos, donde se [illegible] haberse hallado el dia ant.r [illegible] con su Partida, tomando todas las [illegible] necesarias y medidas de precaucion para el exterminio de los bandidos, aprehendiendo quantos sospechosos encontrase, dando partes continuos de quanto supiera acerca de la situacion y fuerzas que los enemigos tubieren.

Segundo oficio a Lara para que observase al enemigo y persiguiese la Partida de [illegible], [illegible] algunas partidas a encontrar con las tropas del Brigadier Morales.

Otro al Teniente de Justicia [illegible] amenazandole se le ahorcaba si leia las Proclamas que

247

[illegible] de los Rebeldes por haberlo estar ocupado en aquel Pueblo aún entonces, y se consiguiente que las [illegible] al Cuartel Genl.

Otro al de Ocumare previniendole q. lo ponga [illegible] marchase a Maracay con las armas y municiones que tubiesen haciendole responsable de la omision, con [illegible] el Consejo sobre lo mismo.

Se pasó al Señor Capn. Genl. un oficio incluyendole copias de los partes recibidos el dia antr. y [illegible] para perseguir la Partida de Bandidos de [illegible] sobre las alturas de la Costa a los Valles y demas.

Se recibió uno del Brigadier Morales comunicando no poder remitir el Estado que con fha. [illegible] se le pide por razon de estar dividida su fuerza.

Otro D. del mismo contestando al que se le dirigió desde las [illegible] de haber conferido el mando de las operacions. al 2o. Comand. Genl. Brigr. D. Miguel [illegible], con [illegible] a otros [illegible] el mismo Puerto de [illegible] impuesto de las disposiciones q. dho. Comte. Genl. habia dado para [illegible] y continuar las operaciones para el total exterminio de los infames.

Otro del Comandte. D. Juan Francisco [illegible] del [illegible] campamento [illegible] con el Brigadier Morales para el qual [illegible] de su [illegible] y [illegible] y haberse [illegible] la comunicacion que estaba [illegible] quando los enemigos ocuparon el Pueblo de Maracay avisando de la [illegible] que se presentaba en los [illegible] de Valencia.

Se recibió otro de D. Juan Nepo. [illegible]

avisando lo había dho. un Vecino que conducía
Pliegos del Brigadier Morales, haberse reunido
este el día anterior con sus abanzadas y algunos
Escuadrones del grueso de las columnas del Genl.
que se hallaban ala falda de la Montaña [illegible]
[illegible] y haberse [illegible] este ala cima de ella.
Otro del mismo dando parte de su llegada a
[illegible] y la mucha gente que se le presentaba
voluntariamente, y el fuego q. con los [illegible] tuvo el
Capitan del Campo [illegible] Dn. Félix Rosas, en
el Valle de [illegible], y haber logrado matar al
Capitan de Urbanos Dn. Diego la Camara que tenía en ese Valle la Partida de [illegible], cogiendole
lo mismo q. seis [illegible]. Dando parte igual
mente haber hallado en [illegible] un piquete
mandado de los [illegible] del Rey con las disposiciones q. tomó q. el num. de toda la gente era
tanta q. se le presentaba, y consig. que iba a
formar de Caball.a e Infant.a recomendando a
varios Individuos por lo bien q. se habían por-
tado.
Carta del mismo incluyendo una Proclama
de las q. Bolívar había expendido.
Seg.do oficio al Señor Capn. Genl. incluyendo
la copia de los anteriores partes y solicitando
[illegible] un oficial Ingeniero y [illegible]
en S. [illegible] q. le [illegible] pronta conducción y
seguridad de los Pliegos.
Otro contestando el dho. Señor sobre ser
bien fundadas las razones q. indicaba, por las
quales no podía dejar la Capital.
Se [illegible] parte del Brig.er Morales.

248

de haber atacado el dia anterior el enem.° en las alturas del Canl. de la Piedra [illegible] habiendo emprendido su marcha del Pueblo de S.n Joaquin a las doce de dho. dia por aviso que tubo de un ayudante de Campo cuyo que habia salido de observación con una descubierta, y se veía cargado de los enemigos [illegible] legua y media del Pueblo, las fuerzas que llebaba el Mayor Morales eran de 150 hombres de los que envió a atacar algunas Guerrillas por derecha izq.da y por el Centro una compañía de Caz.s habiendo principiado el fuego a las cuatro y media de la tarde por el expresado Camino de la Piedra q.e lo formo una Vanguardia muy [illegible] los enemigos ocupaban la principal de dha. posición, sin embargo p.a las cinco eran [illegible] del primer recurso la fuerza q.e tenian los enem.s eran 1100, i 500 hombres acaudillados por el Cabecilla [illegible], los q.e se replegaron a la altura de la montaña y camino de [illegible] q.e p.r haber anochecido hubieron de [illegible] nuestras tropas al de S.n Joaquin, lo q.e verificaron p.a las diez de la noche, por cuyo motivo no se pudo proporcionar la perdida del enemigo, hasta el sig.te q.e por una partida de observación q.e se pasó para reconocer tan luego fuese el dia el campo de la acción en donde encontró un oficial y cinco soldados muertos de los nuestros y por un pasado con todo su armam.to se sabe llebaban quince ó diez y seis heridos y se hallaban situados en la cima de un Cerro cerca de agua- [illegible] legua distancia del sitio en q.e fue la

10 acción como igualmente aguardaban sus esforza-
dos por 300 hombres q. venían de Urumaza[?]
mientras quedaba [illegible] en 30 heridos.

Día 12.

Segun. oficio al Sarg.to Mayor Ortiz, previniéndole saliese en el mismo día la tropa de Castillo que se hallaba en la Victoria para Maracay, llebando con un reyes[?] que se hallaba preso
por sospechoso para q.e lo examinara y castigara
a proporción del delito que hubiere, remitiéndole
al mismo tpo. lanzas y municiones, q.e armara la
gente volunt.a de los Pueblos, con una Proclama
q.e el de Maracay, donde encontraría del S.r Cap.n G.l
las más expresivas gracias por lo bien q.e se habían comportado los habitantes de los Valles
en la reunión de los malvados igual a la q.e
se tenía[?] a otros Pueblos, y previniéndole q.e el
día sig.te se trasladaba el Quartel Gral. a aquel
punto.

Oficio al S.r Capn. Gral. remitiéndole un
negro[?] [illegible] de la [illegible] de Bolívar[?], y avi-
sándole haber sido pasados por las arm.s en
Maracay cinco de los facciosos y puestos en la
plaza pública, acompañando una Proclama
a los vecinos de los Pueblos con q.e da dho. S.r
las gracias por la fidelidad q.e habían mostrado
sus habitantes en la repentina invasión del
enemigo.

Otro con. dho. S.r incluyendo las solici-
tudes de algunos oficiales y Comb.es de las Milicias

249 41.

de los Valles en que Reclamaban estos dicha razon.

Dia 13.

Oficio al Sr. Capn. Gl. dando cuenta de la gente Reunida y falta de armas para esta, como igualmte. segun Lucas sin embargo de estar com.do por la [illegible] de averiguar la conducta y castigar los que [illegible] [illegible] para con los Realistas [illegible] quedando entendido de que el Esquadn. de [illegible] [illegible] [illegible] que marchan ala Capital [illegible] primero [illegible].

Otro al Sr. [illegible] pidiendo armas, municiones, Botiquin, Fornituras, y Caps.

Otro dando cuenta de haberse retirado el Intendl. Genl. a Maracay, y haber recibido el Comte. Genl. las [illegible] de aquel punto y donde [illegible] se hallaban, igualmte. los elogios que hacian los Oficiales de [illegible] de los habitantes de aquel Pueblo el dia de la [illegible].

Oficio y estado de la fuerza disponible que habia en Maracay y se Remitio al Brig. Morales, previniendole el [illegible] que marchaba el dia sigte. el Sr. Comte. Genl. a conferenciar acerca de las operaciones contra los enemigos.

Se Remitio otro al Sr. Capn. Genl. de toda la fuerza disponible, y gente Volunta. del Pais, que se hallaba en Maracay, S. Joaqn. y Valencia.

Oficio al Brign. Morales noticiandole venian marchando de Calabozo y [illegible] tropas Europeas.

Se Recibio oficio del Brign. Morales, en el que noticiaba que pensaba atacar al enemigo.

12.

en sus posiciones q.e se estaban fortificando.

Noticia q.e dio el Coron.l de P.to Cabello de haber hecho el ataque, y hallarse nuestras tropas posesionadas de la Cumbre, de cuya noticia con el antecedente oficio se dio conocim.to al S.r Capt.n Gen.l

Dia 11

Parte q.e se recibió del ataq.e q.e tubo el Brig.r D.n Fran.co Tomás Morales en q.e manifestaba por avisos q.e tubo q.e los enem.s trataban de fortificarse y acaso abanzar sobre los Pueblos de Yaracuy, S.n Joaquín y tal vez adelantarse a Valencia, por lo qual resolvió ir a atacarlos en sus posiciones, saliendo al efecto de S.n Joaq.n el once a las doce de la noche con 700,, hombres mandando la vanguardia de 300 el Ten.te Cor.l Sarg.to May.r de la Union D.n Man.l Bausa; a las cinco y m.a de la mañana fueron avistadas por esta las abanzadas enemigas que se hallaban situadas en la Cumbre de un cerro a las quales y destacam.tos se rompió el fuego de Guerrilla a las seis y sin haber entrado la acción Gen.l, para las siete ya se habia ganado mas de la mitad de la montaña apesar de lo muy fragosa q.e se hallaba la tropa por lo inaccesible de ella, la q.e tenia tres leguas de subida y completa posición Militar para los Rebeldes que la ocupaban; a las nueve y m.a ya se hallaban nuestras tropas en la cima de la Montaña y los infames capitaneados desde lejos por

[Margin note:] con sola una pequeña tierra llana q.e tendrá de longit. dos ó tres quadras y en ella formada de tala de arboles, situada en el Camino a dos quadras de la Cumbre del Volador.

250 18

Simon Bolivar se pusieron en precipitada fuga
abandonando la posicion inexpugnable q.e tenian
siguiendo en diferentes trozos y dexando parte
de su armamento, y municiones nuestras tropas
recorrieron y tomaron raciones, y en seguida
se pusieron en marcha al alcance de los fugitivos hasta el sitio del Velazco q.e dista de
Ocumare dos leguas en cuyo punto hicieron
alto hasta las doce de la mañana sig.te q.e
emprendieron su marcha p.a el Pueblo y Playa
alas once y m.a habian tomado posesion del
Castillo que esta situado en ella (S) al inst.te
se colocaron avanzadas en dha. Playa y cam.o
de Choroní, adonde se dirigieron los q.e se dispersaron de la accion, hallandose embarcado
Bolivar alas doce de la noche ant.r con solo
dos mugeres, abandonando oficiales, tropa
y de la chusma que condujo alas costas de
Ocumare.

(S) En conformidad de esto habia un Alcalde herido, y dos piezas Clavadas...

La perdida q.e tubo el enemigo en la acc.n
es casi ninguna en proporcion de la nuestra
pues por los q.e se han encontrado en el camp.o
solo ascienden de treinta a quarenta muertos
con el Coronel Vicente Landaeta, un Capitan
Frances, y quatro oficiales.

Los efectos de pertrechos y demas
que se les cogió en la Playa, castillo y
Monte inmediatos van anotados en el
Estado n.o 8.o y el de cuatro sugetos en el
n.o 9.o nuestra perdida de muertos, heridos
contusos, y extraviados en el 8.o

Luego q.e Bolivar se hizo ala Vela
se cogieron bastantes dispersos de sus tropas

14.

y oficiales metidos en la espesura de los montes, los quales fueron prontam.te curados de
la enfermedad que padecian.

Feliz.m.te estos cobardes abandonaron la
posición inexpugnable q.e ocupaban, pues de lo
contrario hubiera sido muy funesto el ataq.e
por el centro pudiéndoseles flanquear por
el Cam.o de Cuyagua y el de [illegible], tomando este último por la altura del [illegible]
y ambos bajan al Pueblo de Ocumare, tan
pronto como el q.e siguió por la Piedra y
Aguacate, de esta suerte Bolívar, y algunos
caudillos hubieran sido en nuestras manos
con algunos mas efectos, y no hubiera sido
tan grande la dispersión de los malvados
a la Costa de Choroní, si todos estos soldados
desde un principio se hubieran estado, sería tan feliz el éxito de la acción q.e acaeció en
lo subcesivo no se hubieran notado mas in-
comodidades en las tropas; sin embargo de todo
si los nuestros hubieran sido cargados la tarde
en q.e nuestras tropas llegaron al sitio del
Aladero, aunq.e no hubiera sido mas que
hasta la Playa mucha mas desgracia hubieran sufrido.

Se pasó oficio al Ex.mo Cap.n Gen.l incluyendole otro del Brigadier Morales, con
el detall q.e este da de la acción del trece.

Se pasó otro al Com.te de las Plantac.s de
Guacato D.n Salvador Sainz, previniéndole recoja
se todas quantas canoas hallare en la Laguna
p.a impedir q.e algunos malvados hubieran [illegible] p.r
ella p.r el int.or de los montes.

251

N.° 1°

Estado de los efectos cogidos al enemigo en el Castillo, Playa y Montes inmediatos de Ocumare.

1000 Fusiles nuebos con sus Bayonetas
5000 .. Cartuchos.
6. Quintales de Polvora en Barriles.
3000 .... Piedras de Chispa
13.. Cajones de letras de Imprenta
1.. Cajon de balas de fusil
5.. Moldes de hacer balas
8.. Cañones Pedreros de bronce
8... Emeriles del propio metal
15.. Lanzas.
2.. Cucharones p.a derretir plomo
3.. Botafuegos
1... Maquina completa de imprenta
2.. Carronadas de a 24
11 .. Cañones de a 12 y 24 y q.e se hallan en el agua
4.. Cajones mas de fusiles q.e se hallan en id.

46.

N.° 20

Estado de las Alhajas de Yglesia entregadas a los Ybdos en dho. sitio.

1.. Custodia de Plata con el sol dorado
11.. Calices de Plata
5.. Patenas de idem.
2.. Cucharitas de idem.
3.. Copones de id.
3.. Ampollas de Oleo de id.
1.. par de Vinag.s de id.
3.. Platillos de id.
1.. Cabecita con Hisopo de id.
1.. Cajeta de Ostias de id.
2.. Navetas con sus Cucharillas de id.
1.. Baso en forma de Caliz de id.
1.. Santa Cruz de id.
1.. Concha de Bautizar de id.
1.. Llave del Sagrario de id.
2.. Cruces de Estandarte de id.
2.. Incensarios de id.
2.. Campanas de id.
1.. Corona de id. dorada
1.. Corona de Oro
1.. Pieza de Plata de pie de Cruz
1.. Vara de guion de id.
31.. Milagros de id.
1.. id. de Oro
3.. Piezas de Plata q.e se ignora su uso.
1.. Lanza de idem.

[illegible]

División de operaciones — N.º 3º — Ejto. Expedicionario

Estado q. manifiesta los muertos, heridos, contusos, y extraviados q. hubo en la acción del trece de Julio sobre el Camino de Ocumare y Cerros de Aguacate.

	Gefes			Oficiales			Tropa			
	muertos	heridos	contusos	muertos	heridos	contusos	muertos	heridos	contusos	extraviados
Union	..	1.	..	1.	..	..	3.	21.	1	1.
Rey	..	..	..	..	2.	..	23	29	..	..
Milicias de Valencia	..	..	..	..	1.	..	5	22	1	..
Compañía de Sn. Joaquín	..	..	..	..	..	..	3	6	..	..
Total	..	1	..	1	3	..	34	78	2	1.

Pablo Morillo [rubric]

252

253 13.

Día 15

Oficio al S.r Capn. Gral. noticiandole haber se [illegible] el Com.te Gral. de operaciones a una legua de Ocumare por la grande abundancia de los Ríos y hallarse apoderado de dos Caídas q.e tubo en ellos y al mismo tiempo de haberse pasado Ofn. al Sarg.to May.r Lucas(?) p.a q.e inmediatam.te marchara con la Cab.a e Inf.a sobre Choroní(?) a exterminar los malvados que se habían dispersado a aquella costa dejando cubierto el punto de Maracay para evitar qualquiera tentativa de la Partida de Vandidos de [illegible]

Se recibió oficio del Comisionado de Guacara(?) avisando tener recogidos quantos [illegible] havia hallado seg.n se le havia ordenado.

Día 16

Se ofició al Capn. Mór q.e hiciere una información de la muger y [illegible] q.e del [illegible] el Apero(?) de los Llanos y la pasare al S.r Capn. Gral. p.a q.e premiarlos según su mérito.

Otro al S.r Capn. Gral. [illegible] la [illegible] de honor para el Capitán [illegible] en recompensa de su mérito como igualmente el grado para los [illegible] y de haber mandado al Capn. Mór hiciese la justificación de las personas q.e salvaron el Apero(?) de su [illegible] al tiempo de la invasión de los Rebeldes en el Pueblo de Maracay.

Otro p.a [illegible] al Sarg.to May.r Lucas p.a q.e luego marchase con su tropa a Choroní(?)

220. con todas las precauciones correspondientes que el total exterminio de los Rebeldes dispersos que se habian refugiado a aquella Costa, volviendole a [illegible] despues cubierto el punto de Maracay segun se le habia prevenido en la 1a. orden.

Dia 17

Otro al mismo avisandole la salida que hace del [illegible] de Cumaná para el de [illegible] en virtud de la grave enfermedad del Sr. Comand. Gral. y que debe pasar a continuar al Brig. Dn. Franco. Tomas Morales, como igualmte. las tropas que quedaban guarneciendo el de Cumaná para su Gobno. &c.

Se pasó otro al Sr. Capt. Gral. noticiandole lo mismo que al Sarg. Mayr. Lucas.

A las doce y media de la tarde llegó a Puerto Cabello el 2o. Comte. Gral. de Operacs. con su E.M. e inmediatamte. se puso en camino.

Dia 18

Se pasó oficio a Lucas, para que sin embargo delas partes que dirige al Brig. Morales lo trasfiera tambien al 2o. Comte. Gral. de operaciones de quanto mereciere su atencion para poderlo hacer de todo al Sr. Capt. Gral.

Dia 21

Se pasaron dos oficios a Lucas, y a Gon[illegible], Comte. Militar de la Victoria para que sin demora entregasen al Comte. de Barinas los fusiles, sables, y Municiones, que se le habian extrahido para armar los Paysanos Volunts. de aquel Pueblo y siguiera el expresado a su

254 21

cortina, y pudieron pedir al Gov.no de Sto. Co. quanto precisaron de esta especie.

Día 22

Se pasó oficio al Sr. Capn. Genl. manifestandole el q. yo no se habia dado parte Genl. de las acciones [illegible] con [illegible] y las [illegible] del Mayor, como igualmte. el haber dirigido los suyos el Brigadier Morales q. los [illegible] [illegible] [illegible] directamte. habiendosele prevenido con bastante anticipación se hallaba en el Pueblo de Muracy para operar en cortina con una division de Infanteria y Caballeria de 4[illegible] hombres; precipitación del ataque de que dió; peligro q. expuso el honor de las [illegible] de la Provn. circunstancias, riesgo y [illegible] del verdadero [illegible] [illegible] y [illegible] de el [illegible] de muchos q. los enemigos muertos [illegible] igualmente fueron a sangre fria, presentandose, y encontrandolos en casas y [illegible].

Otro al Sarg. May. Juan [illegible] p. q. [illegible] los partes [illegible] de las operaciones de Chaconil [illegible] que [illegible] no se habia recibido alguno de él.

Otro al Sr. Capn. Genl. [illegible] de [illegible] noticia [illegible] haber [illegible] [illegible] del Comte. de nuestra Esquadrilla q. estaba al frente de Maracaibo [illegible] q. [illegible] en [illegible] q. le encontraban [illegible] fuera con piezas inferiores, noticiandole al mismo tpo. haberse puesto el once del actual al frente de [illegible] tres Goletas de los enemigos pidiendo [illegible] a aquel Gov., [illegible]

22

le fue negado apesar de algunos de su Partido
q.e lo solicitaron presentandose en medio
de esto el Yngles Mister Lent, decidido p.r
la Causa del Aleman, el que preguntó, "los
"buenos Españoles que en aquella Ysla habia
"no fueron tontos q.e los dejasen entrar p.a
"luego ser tratados p.r el Gov.no como Piratas
"y bandera desconocida", asi mismo quedan en-
terados de su Exa. acerca del total exterminio
de varios Presos Ladrones y facinerosos q.e en
la Carcel de Valencia existieron; y de haber
perdonado la vida al Mayordomo de Guaya-
cito, hasta con q.e resulten del sumario q.e
al efecto se le mandó formar.

Se recibió el Bergantin con Charfan
Capp. y comision de S.S. Ylltre. q.e se habia
pedido al S.r Capt.n Gen.l

Se recibió parte del Sarg.to D.n Matias
Salgado Com.te de la Partida del Regim.to de Castilla haber entrado los Rebeldes el 12 en el
Pueblo de la Victoria a las 11 de la mañana en
num.o de 600 hombres Capitaneados por el
Yngles Sigueyos de Maragua q.e se hallaban
en la Costa de Choroní, de los dispersos de la
accion del 15 los q.e p.r no tener recursos p.a su
subsistencia forzaron su marcha venciendo
todo obstaculo por el Camino de Onoto a salir a la inmediacion de Maracay tomando
el de Cagua, faldeando la punta del Monte
y cerros de la Victoria, emprendiendo por el
Cam.o del Pao con direccion a S.n Sebastian

255

de los Reyes, dejando ala derecha Villa de Cura
habiendo sido antes batidos por las tropas
del Sarg.to Mayor Ivan, el que no habiendo podido sufrir el fuego de mayor numero de
fuerza tubo q.e emprender su retirada si-
guiendoles en observacion hasta tanto q.e
las tropas del Brigadier Monteverde q.e se hallaban en [illegible] se pusieron en movim.to
como lo verificaron poniendose unas y otras
en alcance de los fugitivos, por lo qual
los enemigos emprendieron su marcha
del Pueblo de la Victoria alas tres de la
tarde del mismo dia que entraron.

256

Noticia de la localidad de los Pueblos de la Victoria y Maracay hasta la Costa de Ocumare.

De la Victoria salen cinco Caminos p.a distintos Pueblos con algunas veredas poco transitables.

1º... Sigue al Pueblo de Maracay distancia seis y m.a leguas pasa por el de S.n Mateo y sitios de la Concepcion(?), la Ceiba(?), el Guaire(?) Güigüe y Rio Maracay, el que se atraviesa por dos veces y sobre la dra. antes de llegar a Güere se encuentra una vereda que toma a Turmero, y por la izquierda otra q.e toma a Cagua distante uno y otro de la encrucijada media legua son transitables en todo tiempo a pie y a Cab.o y la forman un Camino llano ancho y a mano(?), y en inmediacion sale otra p.a la montaña de Güere al Rio de Guayruma(?) distancia del punto indicado una legua transitable.

El Camino q.e queda expresado es llano por su extg.da(?), mucha espesura de monte y sin embargo de algunos pequeños pantanos q.e se encuentran en la inmediacion de la Laguna, en todo tiempo es transitable p.a tropa de qualq.a arma.

2º.. Otro q.e va al sitio de Cagua distancia de la Victoria dos leguas, bastante camino para su transito.

26. 3º... Otro q. toma ala V.ª de Cura, y Valles de
Chaguaramas distancia de la Victoria cinco
leguas en el qual se encuentran muchas
subidas y baxadas, y por partes muy
estrecho con algunas Montañas y poblado
de Monte por dra. eyq.da

4º.... Otro Camº. del Tuy para q. la Hacienda
de Guacamaya, y sigue por la Cuesta del
expresado Tuy, atravesando el Rio de este
nombre algunas veces elq. es de muy poca
corriente

5º.... Otro q. sale ala Sabana de Ocumare q.l el
sitio de Marasma, en el qual se dexa el Rio
Tuy, pasandole antes dos veces.

Ademas del Camino q. sale ala Vict.ª
por Maracay a la Ciudad de Valencia hay
otro q. atravesando la laguna por medio de
Curiaras ó Flecheras desde el sitio de Mariara
a desembarcar en Guigue sigue ala Ciudad
de Valencia por el sitio del Palotal q. se
compone de buenas haciendas, es bastante
montuoso, y no del todo llano con mas distancia q. el que toma por Maracay y solo
se puede hacer uso de el en un caso de estar
interceptado el Camº. R.l

Del Pueblo de Ocumare sale una
vereda transitable en todo tiempo a Villa de
Cura la q. toma p.r los sitios de Cueba de Mato
al Tamal y Pegoco, es llano con mucha espesura de Monte por dra. eyq.da

257 22

De Maracay sale el Camino Rl. a Ocumare de la Costa por los sitios de Tapatapa y la Cabrera atravesando el Rio Maracay; el transito de este es muy penoso por sus muchas subidas y bajadas grande espesura de montes, estrechez de todo él, y en parte precipicios.

De Agua Caliente sale una vereda á Ocumare q. por muchos malos pasos es casi intransitable.

De Guacara toma una pica q. va al Sitio de Pto. Cabello, la que pasa p. el Rio de Cupira, y sigue por la falda de la Serranía de Miguijía, y antes de subir la Cuesta de la expresada se une con el Rl. por esta pica se aventaja bastante distancia, pero su transito es muy penoso por grandes subidas y bajadas, estrechez y espesura q. en ella hay.

Reconocimiento de varios sitios

Por la parte de Sn. Joaqn. se reconocerá el lugar de las Lomas hasta el Tigre, las alturas de Mariguita y demas Quebradas y Montañas, concluyendo q. los Pueblos de Mariara.

Maracay desde la altura del Picacho las del Limón, Tapatapa, Guey, Oroio, y Tucupido.

Turmero: Rio de la Vereda hasta sus cabeceras, alturas de Guayavita, las de Abrantes, Quebradas y Rio de Payo.

S. Mateo Quebrada de Pije, sus alturas hasta las montañas de la Costa, cortando por las Cabeceras de los Amancos, Quebradas del Bucaral y apuntados.

Victoria: Río del Ojo hasta sus Cabeceras cubriendo las alturas y Quebradas hasta el Consejo.

Choroní: Cubrirá las alturas del Camino de Maracay en igual caso la Pica del Camino de bajar a Palmarito y si se separa de este Valle hasta el lugar de la Sección.

Ocumare: Cubrirá el Camino y alturas de Turiguito y el punto donde se separa la pica de Cata y el Camino de Cuyagua.

258 22

Dia 27

Se pasó oficio al Sargento Mayor accidental de la Plaza de Puerto Cabello p.a q.e remitiese un estado de la fuerza efectiva y existente en ella con expresión de los destinos en que se hallaban, y lo que diariamente cubría la Plaza; y fueron recibidos en el mismo día.

Dia 30

Se ofició al S.r Cap.n Gen.l noticiándole la salida del Bergantín 2.o de opera.s el día prox.o p.a la Ciudad de Valencia y al mismo tiempo la de haberse visto sobre la Isla de Bonayre algunas Goletas de Bolívar q.e cruzaban por el frente de aquella Isla p.a no habérseles permitido el Gov.or de Curazao la entrada en aq.l Pto. según dos Cartas que se recibieron en el de Cabello.

Dia 1.o de Agosto

El Vigía de Pto. Cabello al amanecer de este día puso señal haberse visto p.r la parte de Barlovento hasta quince buques y algunos de Cruz, y su noticia aparecía ser nuestra Esquadrilla de Margarita.

A las 11 de la tarde salió del Pto. el 2.o Com.te Gen.l de operac.s y Ayud.te de E. M. p.a Valencia a cuya hora entró en el la Corbeta Cortés con una Goleta con Pólvora de Cartagena.

20.

Dia 2

Se recibieron partes de Lizano con bastante atraso en q. manifestaba la situacion delos enemigos y tropas de la Division de Vanguardia.

Se recibio parte del Ten.te de Castilla D.n Josef Sanz Com.te del destacamento del m.o que se hallaba en el Pueblo de Chaguaramas noticiando el 27 del ant.e fueron atacados en aquel por los titulados fugados de Murrazo al mando del Ingles Sigeas de Mangrego, con fuerza de 200 negros, tan luego se presentaron en aquel punto, dispuso el Cap.n D.n Manl. Fernandez de Granad.s dela Union con 40 hombres de su Divis.n y Castilla atacarlos ala Bayoneta consiguiendo dispersarlos hacia una Montaña inmediata de bastante espesura en la qual se hicieron firmes mediando para esto el q.e Fernandez se hallaba gravem.te herido y el Subt.e dela m.a D.n Ramon Moyano, levem.te y habiendo observado que salian por varias direcciones 40 Caballos de ellos con el objeto de impedirles su retirada ala Casa fuerte y la obscuridad dela noche q.e por mom.tos se acercaba determinó el 2.o Cap.n del m.o D.n Tomas Garcia, emprender su retirada con todo orn. Replegandose a ella; Luego q. lo realizaron les fue intimado por el Infame Mangrego se rindieron a discrecion y de no ha-

259 31.

culo en una hora serian pasados a Cuchillo
pero Garcia le contestó con breves y compen-
diosas palabras llenas de grandes sentim.tos
valor y completo desprecio sin embargo de
hallarse sin viveres ni agua y incomunicada
la Casa por los Infames, al poco tiempo de
haber sido visitada esta contestacion se rompió el fuego de ambas partes con bastante obstinación tratando los malvados q.
repetidas veces asaltar la estacada pero en
balde fueron sus tentativas dejando en el
Campo 50, ~~muertos~~ y siete muy mal heridos q.e prontam.te fueron curados, y muchos
mas que por ellos fueron conducidos ala
espesura de los montes para encontrar al-
gun alivio, luego q.e vieron era en balde
su obstinacion por el denuedo y entusiasmo
con q.e peleaban nuestras tropas y la perdida
que habrian sufrido resolvieron al dia sig.te
su marcha verificandola con direccion al
Valle de la Sangula, siguiendo en su alcance
con dos dias de atraso las tropas expresa-
das y la Division del Sarg.to Mayor D.n Juan
Neg.o Lucas

Nuestra perdida consistio en ocho
muertos 15 heridos y 11 contusos.

El Batall.on 2.o de operac.s se detubo
tres dias en Valencia para hacer algunas
averiguaciones en serv.o de S.M. habiendo

32 pasado visita a los heridos q. se hallaban en el Hospital Militar.

Dia 6

En este dia se puso en marcha con dirección a la Ciudad de Caracas el 2º. de Gefe. Brig.r D.n Pasqual M.l por ord.n q. tubo del S.r Capt.n Gen.l Int.o para que inmediatamente pasase a aquella Capital.

Domingo [illegible]

[illegible]

5. Carta de Morales a Morillo fechada en Chaguaramas el 24 de agosto de 1816. Real Academia Española de la Historia. Archivo del Conde de Cartagena. **Sig. 9/7661, leg. 18, a), ff. 74-74v.**

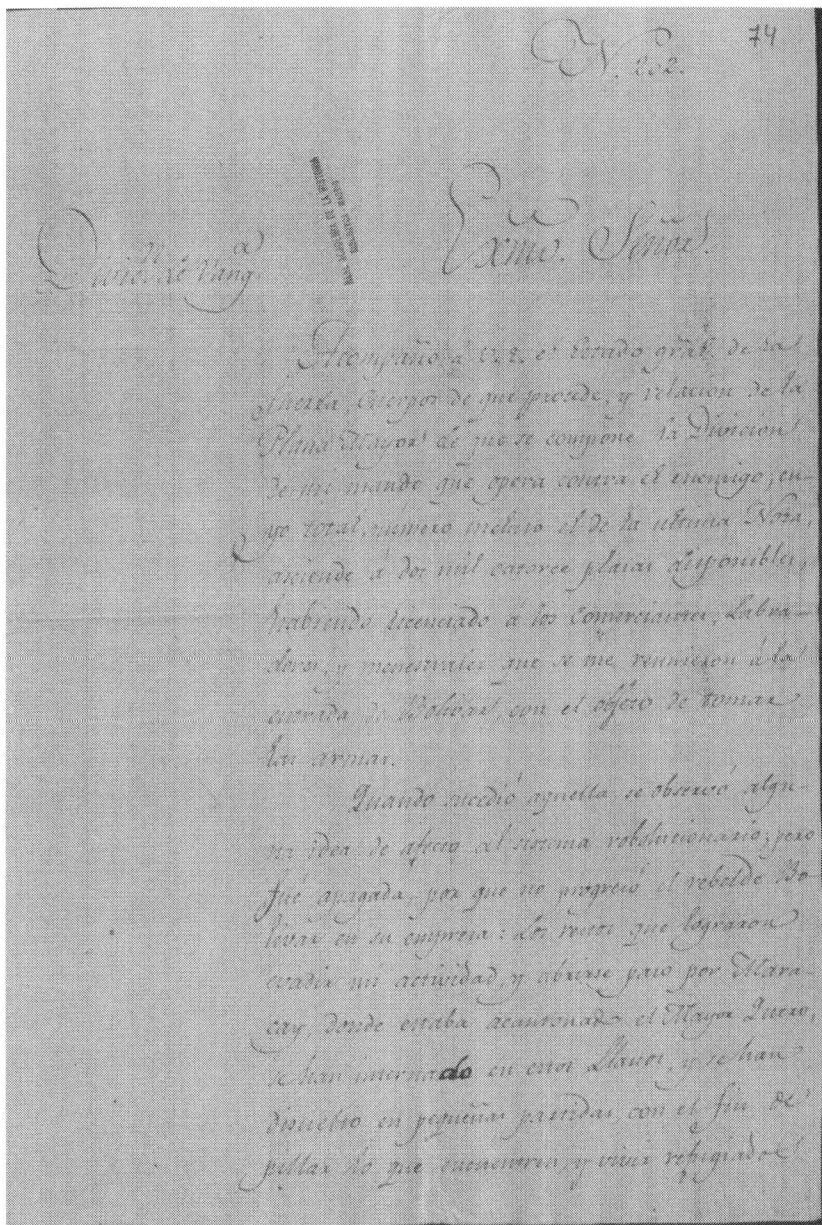

74

N.º 2.

División de Vang.

Exmo. Señor.

Acompaño a V.E. el estado gral. de las fuerzas, Cuerpos de que procede, y relación de la Plana Mayor de que se compone la División de mi mando que opera contra el enemigo; cuyo total, numero incluso el de la ultima Nota, asciende a dos mil catorce plazas disponibles, habiendo licenciado a los Comerciantes, Labradores, y menestrales que se me reunieron a la entrada de Bolívar con el objeto de tomar las armas.

Quando sucedió aquella se observó alguna idea de afecto al sistema revolucionario; pero fue apagada, por que no progresó el rebelde Bolívar en su empresa: Los restos que lograron evadir mi actividad, y abrirse paso por Maracay, donde estaba acantonado el Mayor Quero, se han internado en estos Llanos, y se han dividido en pequeñas partidas, con el fin de pillar lo que encuentran, y vivir refugiados

1

en los montes, donde es necesario cazarlos; cuya operacion practicará mi 2º Dn Rafael López, y yo seguiré a cumplir mi comision a la Margarita embarcandome en Barcelona. Todo lo que pongo en el Superior conocimiento de V.E.

Dios gue. a V.E. ms. as. Choguaramas 24 de Agosto de 1816.

Exmo. Señor.

Señor Gral. en Gefe del Exto. Expedicionario.

24

RELACION DE LAS MEDICINAS Y UTENSILIOS MÁS NECESARIOS PARA EL SERVICIO DEL HOSPITAL MILITAR

- Espíritu nitro dulce
- Cremor Tártaro
- Éter sulfúrico
- Ruibarbo
- Mana
- Corteza de Quina
- Mercurio dulce
- Expectorante Trementina
- Bálsamo Alcedo
- Ungüento amarillo
- Bálsamo Copaiba
- Alumbre de roca
- Piedra lipes
- Sen en hoja
- Jalapa en polvo
- Alcalí volátil
- Tintura genciana
- Semillas de linaza
- Emplasto Glutinante
- Ídem fundente
- Ídem Aguilón Gomado
- Vejigatorio
- Cantáridas frescas
- Sal de Glauber
- Esperma de ballena purificada
- Hilas
- Pieza de platilla para vendajes
- Torniquetes armados
- Estuche de cirugía

Tomado de: Archivo General de la Nación: Vida y papeles de Justo Briceño. Caracas. AGN. 1970. Pp.386-387

ESTUCHE DE CIRUGÍA SIGLO XIX

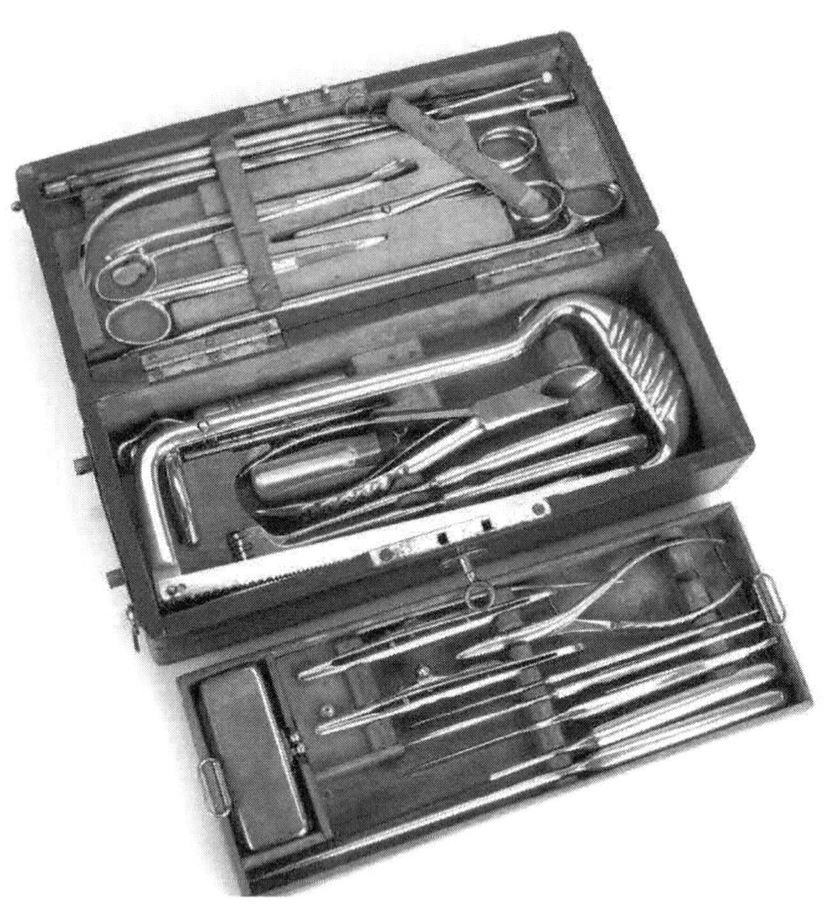

BIBLIOGRAFÍA

I.- FUENTES PRIMARIAS:

1.-DOCUMENTOS

Academia Nacional de la Historia: *Archivo del general Bartolomé Salom.*

Archivo General de la Nación de Colombia: Secciones *Guerra y Marina, Haberes Militares e Historia.*

Archivo General de la Nación de Venezuela: Sección Ilustres Próceres. Tomos I al C.

Archivo del Conde Cartagena: *Años 1815 y 1816.* Real Academia Española de la Historia. Madrid.

Archivo Restrepo: *Boletines del Ejército del Centro.*

Apuntes estadísticos del Estado Cumaná. Caracas. Imprenta Federal. 1875.

Archivo del general La Torre: *Traslados del Archivo general de Indias* Tomos II, III, IV, VI, XX, XXVIII, XXXI y XXXV. ANH, Caracas.

Blanco, José Félix y Ramón Azpurúa: *Documentos para la Historia de la Vida Pública del Libertador.* Caracas, 1883. (Edición facsimilar de la presidencia de la República, Caracas 1981).

Bolívar, Simón: *Obras Completas.* La Habana, Editorial Lex, 1947.

______________: *Escritos del Libertador.* Caracas, Sociedad Bolivariana de Venezuela, 1968-1992.

Correo del Orinoco. Reproducción Facsimilar. Edición de la Corporación Venezolana de Guayana. Caracas, Editorial Arte, 1968.

O`Leary, Daniel Florencio: *Memorias del General O´Leary.* Caracas, Edición Ministerio de la Defensa, 1983.

Soublette, Carlos: *Correspondencia.* Recopilación, Introducción y notas de Ligia Delgado y Magaly Burguera. Caracas. Academia Nacional de la Historia.1981.

Yánes, Francisco Javier y Cristóbal Mendoza: *Colección de Documentos Relativos a la Vida Pública del Libertador de Colombia y Perú, Simón Bolívar.* Caracas, 1827.

1.2 TESTIMONIOS DE EPOCA

Agudo, Hipólito: *Relato que hace el Teniente de Infantería Hipólito Agudo de los días que estuvo prisionero de los enemigos tras la acción del Juncal. Altagracia, 13 de noviembre de 1816.* Real Academia Española de la Historia. Archivo del Conde de Cartagena. Signatura: Sig. 9/7661, leg. 18, a), ff. 87-88. (Inédito).

Archivo General de la Nación: *Vida y papeles de Justo Briceño.* Caracas. Gráficas Continente 1970.

Ascanio, Antonio: *Diario de la Expedición de Los Cayos.* Archivo del Libertador. Sección J.F. Martin.

Austria, José de: *Bosquejo de la Historia militar de Venezuela.* Caracas. ANH. 1960.

Becerra, Ricardo: *El General José Tadeo Monagas.* Caracas. Imprenta de "El Federalista". 1868. P. XIV.

Briceño Méndez, Pedro: *Relación Histórica.* Caracas, Biblioteca de la Sociedad Bolivariana, 1993.

Conde, Juan José: *El capitán Juan José Conde, subalterno del general Piar y testigo presencial de su ejecución, hace una relación minuciosa y circunstanciada del carácter, méritos y servicios de su general y también de todo lo ocurrido en su capilla y 'últimos momentos de la vida del benemérito héroe de san Félix.* Apuntes del Capitán Conde. Maracaibo 10 de abril de 1839, en Blanco y Azpurúa Tomo VI pp. 101-102

Díaz, José Domingo: *Recuerdos Sobre la Rebelión de Caracas.* Caracas, ANH, 1961.

Diario de Operaciones del Ejército al mando del Brigadier Pascual Real,.Real Academia de la Historia. Archivo del Conde de Cartagena. **Sig. 9/7651, leg. 8, h), ff. 243-259v.**

Landa, José María: *Cronología de la Revolución.* Archivo del Libertador. Sección J.F. Martin.

Lobatón, Manuel Antonio: *Memorias del capitán Lobatón* en Sánchez, Manuel Segundo: *Obras.* Caracas. Banco Central de Venezuela. Tomo II. pp. 450-451.

Macgregor, Gregor: *Exposición documentada que el General Gregorio Mac-Gregor dirijió al gobierno de Venezuela y resolución que a ella recayó*. Caracas. Imprenta Damirón. 1839.

Moxó, Salvador: *Memoria Militar sobre los acontecimientos de Guayana, una de las provincias de Venezuela, que el Capitán General de ellas y presidente de su Real Audiencia presenta al Exmo. Sr. Secretario de Estado y del Despacho Universal de la Guerra*. Puerto Rico. Imprenta de Puerto Rico. 1817.

O´Leary, Daniel: *Memorias sueltas.* Caracas. Sociedad Bolivariana de Venezuela.1988.

Parejo, Vicente: *Relación de los acontecimientos más notables ocurridos en las provincias de Barcelona y Guayana desde diciembre del año 1814*, en Boletín de la Academia Nacional de la Historia. Año XII, Nº 21. Caracas, 6 de julio de 1923 pp. 1050-1097.

Riera Aguinagalde Ildefonso: *Biografía del General Francisco Mejía. Ilustre Prócer de la Independencia Sur- americana*. Centro de Historia Larense. Tip. El Nuevo Heraldo. Barquisimeto, 1944.).

Vélez, Francisco de Paula: *Rasgos de la vida pública del General Francisco de Paula Vélez*. Bogotá. Imprenta de la Nación. 1859.

Yanes, Francisco Javier: *Relación documentada de los principales sucesos ocurridos en Venezuela desde que se declaró estado independiente hasta el año de 1821*. Caracas. Ed. Elite. 1943.

_______________: *Historia de la provincia de Cumaná (1810-1821)*. Caracas. Ministerio de Educación. 1949.

Zaraza, Pedro: *Instrucciones del guerrillero*. En Archivo del general La Torre. Traslados. Nº 426. Academia Nacional de la Historia. Caracas. Venezuela.

____________: *Apuntes del general Pedro Zaraza para el doctor Cristóbal Mendoza (1824)* en De Armas Chitty José Antonio: *Historia del Guárico*. San Juan de los Morros. Universidad Rómulo Gallegos. 1978. Tomo II. p. 273.

1.3 TEXTOS SOBRE ARTE MILITAR (1750-1820)

Federic II, Roi De Prusse: Oeuvres Militaires. Paris, 1805.

Folard, Chevalier de: *Nouvelles découvertes sur la guerre*. Paris, Chez Barois, 1724.

Guibert, Jacques: *Essai general de Tactique.* Lieja. Chez Plomteux.1772.

Ordenanzas del Ejército para su régimen, disciplina, subordinación y servicio dadas por Su Majestad Católica el 23 de octubre de 1768. Madrid: en la Oficina de Pedro Marín, Impresor de la Secretaría del Despacho Universal de la Guerra, 1768.

Saxe, Maurice de: *Mon Reveries*. Zachari, La Haye, 1756.

Santa Cruz de Marcenado, Marqués de: Reflexiones Militares. Oviedo, Instituto de Historia de Asturias, 1984.

Thiebault, General: *Manual General del Servicio de los Estados Mayores en los Ejércitos*. Madrid, Imprenta de Miguel Burgos, 1818.

________________: *Manual de los Ayudantes generales y adjuntos empleados en los estados mayores divisionarios de los Ejércitos*. Caracas. Comisión Nacional del Bicentenario del Gran Mariscal Sucre. 1996.(sobre la edición de Bogotá de 1815).

II.-FUENTES SECUNDARIAS

1. OBRAS SOBRE EL PERIODO

Arends, Tulio: *Sir Gregor MacGregor, un escocés tras la aventura de América*. Caracas. Monte Ávila. 1988.

Austria, José de: *Bosquejo de la Historia Militar de Venezuela*. Caracas. Imp. y Librería de Carreño Hermanos.1855.

Baralt, Rafael María y Ramón Díaz: *Resumen de la Historia de Venezuela*. Brujas París, Desclee de Brouwer, 1939.

Becerra, Ricardo: *El General José Tadeo Monagas*. Caracas. Imp. Del Federalista. 1868.

Blanco, Eduardo: *Venezuela Heroica*. Caracas. Imprenta Bolívar, 1883.

Bencomo Barrios, Héctor: *Bolívar, Jefe militar*. Caracas. Cuadernos Lagoven. 1983.

___________________: *Piar, estancias de una existencia provechosa*. Caracas. Banco del Caribe. 2006.

Castillo Lara, Lucas: *Los olvidados próceres de Aragua*. Caracas. ANH.1993.

Chalbaud Cardona, Esteban: *Anzoátegui. General de Infantería*. Caracas. El perro y la rana. 2006.

Davila, Vicente: *Acciones de guerra en Venezuela durante su independencia*. Caracas, Tipografía Americana. 1926.

De Armas Chitty, José Antonio: *Historia del Guárico* San Juan de los Morros. Universidad Rómulo Gallegos.1978.

Díaz, José Domingo: *Recuerdos de la rebelión de Caracas*. Caracas. ANH. 1961(sobre la edición de 1829).

Duarte Level, Lino: *Historia Patria.* Caracas, Tipografía Americana, 1911.

Esteves, Edgar: *Batallas de Venezuela (1810-1824*). Caracas. Corpográfica. 1995.

Falcón, Fernando: *El Cadete de los Valles de Aragua, El Pensamiento Político y Militar de la Ilustración y los Conceptos de Guerra y Política en Simón Bolívar (1797-1814).* Caracas, Universidad Central de Venezuela, 2006.

______________*: Manuel Carlos Piar. Caracas. Ed. Panapo. 1997.*

______________: *La baraja marcada: Sucre como estratega.* Memoria del Séptimo Congreso Venezolano de Historia. Academia Nacional de la Historia. Caracas. 1997.

______________: *El Profeta armado: la actuación militar del Precursor* en Bolivarium. USB. Caracas. 2006.

Fernández, Américo: *Manuel Piar, guerrero de mar y tierra*. Ciudad Bolívar. Litografía Horizonte. 2001.

Forzán-Dagger, Servio: *Manuel Piar y la batalla del Juncal*. Boletín cultural y geográfico. Bogotá. Vol. 7. Número 1. 1964.

Galán, Ángel María: *Biografía del coronel de la Independencia Felipe Mauricio Martin.* Bogotá. Imprenta a cargo de H. Andrade. 1882.

García Chuecos, Hector: *Pedro León Torres*: Caracas. AGN. 1977.

García Ponce, Guillermo: *Bolívar y las armas en la guerra de Independencia.* Caracas. Fundación Pío Tamayo, 1983.

Gil Fortoul, José: *Historia Constitucional de Venezuela.* Caracas, Ministerio de Educación, 1953.

Gómez, José Mercedes: *La guerra de independencia en el Oriente*. Cumaná. Corporiente.1991.

González, Asdrúbal. *Manuel Piar*. Valencia (Venezuela). Vadell Hermanos.1979.

González, Eloy: *Al Margen de Epopeya*. Caracas, Imprenta Nacional, 1906.

______________: *La Ración del Boa.* Caracas, Imprenta el Cojo, 1907.

Hernández Armas, Ramón: *Defensa e impugnación contra el papel titulado Idea sucinta que del carácter y disposición militar del Mariscal de Campo Don Miguel de La Torre, a dado a la prensa el coronel Don Sebastián de la Calzada. Instruida por D. Ramón Hernández, Auditor de Guerra y Marina del Apostadero de Puerto Cabello y Honorario de Departamento.* Puerto Rico, año de 1823.Oficina de Gobierno, a cargo de D. Valeriano Sanmillan. Anuario vol. II Instituto de Antropología e Historia, Facultad de Humanidades y Educación, Universidad Central de Venezuela, Caracas. Años 1967-68 y 69.

Lanz Castellanos, Julio: *Historias marineras y algo más*. Caracas. Rivero Blanco editores.2015

Larrazábal, Felipe: *Bolívar. Prologo y Notas Rufino Blanco Fombona.* Caracas, Gobernación Distrito Federal, 1983.

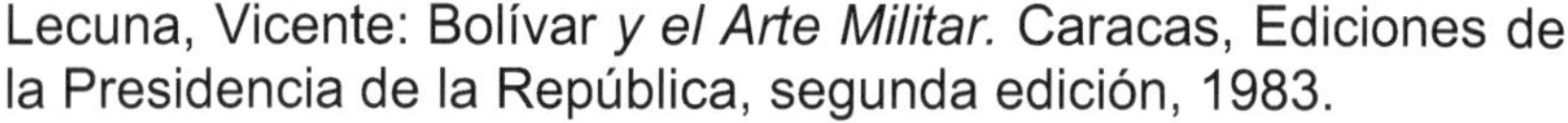

Lecuna, Vicente: Bolívar *y el Arte Militar.* Caracas, Ediciones de la Presidencia de la República, segunda edición, 1983.

______________: *Crónica Razonada de las Guerras de Bolívar.* New York, The Colonial Press, 1950.

Catálogo de errores y calumnias en la Historia de Bolívar. New York. Colonial Press.1957.

_______________: *Documentos inéditos para la Historia de Bolívar. Expedición de Los Cayos. Segunda parte.* Introducción en Boletín de la academia nacional de la Historia. Tomo XX. N° 37. Enero-marzo de 1937.

Lomné, Georges: *Imaginaire politique et spectacle urbain dans six villes de Gran- de-Colombie. 1800-1830.* ParisUniversité de Paris I. 2005.

López Contreras, Eleazar: *Bolívar, Conductor de Tropas.* Caracas, Editorial Elite, 1930.

López Ramírez, Alexis: *Pensamiento político y militar de Simón Bolívar en el contexto (1815-1820).* Caracas. UCV. 2016(inédita);

Lozano y Lozano, Fabio: *Anzoátegui.* Caracas. Congreso de la República.1989.

Luqui Lagleyze, Julio Mario y Manzano La Hoz, Antonio: *Los Realistas Hombres en Uniforme,* No 5, Valladolid, Ediciones Quirón, 1998.

Machado Guzmán, Gustavo: *Historia gráfica de la guerra de independencia de Venezuela.* Caracas. Marvin Klein editores.1998

Madariaga, Salvador: *Bolívar.* Buenos Aires, Editorial Sudamericana, 1959.

Masur, Gerhard: *Simón Bolívar.* Caracas, Editorial Grijalbo, 1983.

Montenegro y Colón, Feliciano: *Geografía general para el uso de la juventud de Venezuela*, Volumen 4. Caracas. Imprenta Damirón. 1837.

Mosquera, Tomas Cipriano: *Memorias Sobre la Vida del Libertador Simón Bolívar.* Bogotá, Banco del Estado, 1980.

Parra - Pérez, Caracciolo: *Mariño y la Guerra de Independencia*. Madrid, Cultura Hispánica, 1959.

Pérez Jurado, Carlos: Notas *para el estudio de los Estados Mayores Generales, Divisionarios y Departamentales en el Ejército patriota 1810-1830.* Boletín de la Academia Nacional de la Historia, número 321. Caracas. 1998.

Pérez Tenreiro, Tomas: *Don Miguel de La Torre y Pando, Relaciones de sus Campañas en Costa Firme, 1815-1822*, Edición Publicada por el Ejecutivo del Estado Carabobo en el Año Sesquicentenario de la Batalla.

______________________: *Para Elogio y Memoria.* Caracas, ANH, 1991.

______________________: Para *acercarnos a Don Francisco Tomás Morales, Mariscal de campo último Capitán General en Tierra firme y a José Tomás Boves, coronel primera lanza del Rey*. Caracas. Academia Nacional de la Historia. 1994.

______________________: *Los generales en jefe de la independencia*. Caracas. ANH. 1989.

______________________: *Los presidentes de Venezuela y su actuación militar.* ANH. Caracas. 1981.

______________________: *Rasgos Biográficos del general Francisco de Paula Alcántara*. Caracas. Academia Nacional de la Historia, 1969.

Pérez Vila, Manuel: *La formación intelectual del Libertador.* Ministerio de educación. Caracas. 1979.

Puyo, Fabio y Eugenio Gutiérrez: *Bolívar Día a Día.* Bogotá. Procultura, 1983.

Rafter, Colonel M.: *Memoirs of Gregor MacGregor.* London. Printed for J. J. Stockdale. 1820

Restrepo, José Manuel: *Historia de la Revolución de la República de Colombia*. Besanzon. Imprenta de José Jacquin. 1855.

Rivas Vicuña, Francisco. *Las guerras de Bolívar.* Bogotá, Imprenta Nacional 1938.

Romero, Miguel: *La primera Patria en Barcelona*. Barcelona (Venezuela) Tip. Guttenberg, 1895.

Soriat, Gillette: *El Libertador.* Bogotá, La Oveja Negra, 1989.

Thibaud, Clement: *Repúblicas en Armas, los Ejércitos Bolivarianos en la Guerra de Independencia en Colombia y Venezuela*. Colombia, Editorial Planeta Colombiana S.A., 2003.

Torrente, Mariano: *Historia de la revolución hispanoamericana*. Madrid. Imprenta de Moreno. 1830.

Valencia Tovar, Álvaro: *El ser guerrero del Libertador.* Bogotá. Imprenta de las Fuerzas Militares. 1983.

Verna, Paul: Bolivar y los emigrados patriotas en el Caribe. Caracas. Ed. La Bodoniana. 1983

Zaraza Lorenzo: *La Independencia en el Llano*. Caracas, Elite, Caracas, 1993.

2. OBRAS SOBRE ARTE MILITAR EN EL PERIODO

Alcántara Borges, Armando: *Evolución Histórica de la bayoneta en la Fuerza Armada de Venezuela.* Naguanagua. Concejo Municipal de Naguanagua. 2009.

______________________: *Evolución Histórica de las Armas Portátiles en la Fuerza Armada de Venezuela. Naguanagua.* Ediciones del Concejo Municipal Bolivariano de Naguanagua. 2010.

Almirante, José: *Diccionario Militar.* Madrid, Ministerio de Defensa Español. 1977.

Bertaud, Jean Paul: *El Soldado de la Ilustración.* En Vovelle, Michael: *El Hombre de la Ilustración.* Madrid, Alianza Editores, 1992.

Best, Geoffrey: *Guerra y Sociedad en la Europa Revolucionaria (1770-1870).* Madrid, Ministerio de Defensa, 1990.

Bois, Jean: *Biografía de Maurice de Saxe.* Paris. Fayard. 1992.

Borreguero, Cristina: *Diccionario de Historia Militar.* Barcelona (España), Ariel. 2000.

Boudet, Jacques: *Historia Universal de los Ejércitos.* 3 tomos. Barcelona (España), Editorial Hispano-Europea. 1967.

Bruce, Robert, y (Et. Al.): *Técnicas bélicas de la época Napoleónica.* Madrid, Editorial LIBSA, 2008.

Cabanellas, Guillermo: *Diccionario Militar: aeronáutico, naval y terrestre.* Madrid. Ameba, 1961.

Chagniot, Jean: *Paris et l'armee au XVIIIe siècle.* Paris, Económica. 1985.

Chandler, David: *Las Campañas de Napoleón.* Madrid, La Esfera de los Libros. 2005.

Clausewitz, Karl Von: *De la Guerra.* Madrid, Ediciones del Ministerio de la Defensa Español. 2001.

Clonard, Conde de: *Historia orgánica de las armas de infantería y caballería.* Madrid, Imprenta de D.E. González. 1858.

Comisión Española de Historia Militar: *Historia de la Infantería Española: Entre la Ilustración y el Romanticismo*. Madrid. Centro de documentación del Ministerio de la Defensa.1994.

Cronin, Vincent: *Napoleón.* Madrid, Vergara. 1992.

Earle, Edward (ed.): *Creadores de la Estrategia Moderna.* Buenos Aires, Círculo Militar, 1968.

Falcón, Fernando: *Les grognards en Amerique: la Garde d' Honnor de Bolívar.* Montpelier, *Revue Internationale d' Histoire Militaire,* 1997.

Ferraz, Vicente: *Tratado de Castramentación, o Arte de Campar, dispuesto para el uso de las reales escuelas militares*. Madrid, en la Imprenta Real.1800.

Fuller, Jhon. Frederik. Charles: *Batallas Decisivas del Mundo Occidental.* Madrid, Ediciones del Ejército, 1979.

____________________: *The Foundations of Science of War.* London, Hutchinson & company.1926.

Gat, Azar: *The Origins of Military Thought.* Oxford. Oxford University Press, 1992.

Gates, David: *La Úlcera Española*. Madrid, Cátedra, 1999.

Gilmore, coronel Albert: *Observaciones sobre el fusil y avisos sobre su adelantamiento.* Fundacion John Boulton. Sección venezolana del Archivo de la Gran Colombia (SIC). Serie B. Circa 1819-20.

Gómez Ruiz, Manuel y Vicente Alonso: *El Ejército de los Borbones.* Madrid, Ministerio de Defensa, 2002.

Grases Pedro y Manuel Pérez Vila: *Las Fuerzas Armadas de Venezuela en el siglo XIX.* Caracas, Presidencia de la República, 1970.

Holmes, Richard: *Napoleón. Campañas y Batallas*. Barcelona (España), Editores S.A. 2006.

Howard, Michael: *La guerra en la historia europea*. México. FCE.1983.

_____________: *Teoría y práctica de la Guerra*. Buenos Aires, Círculo Militar, 1968.

Lidell-Hart, Basil: El *Fantasma de Napoleón*. Buenos Aires, Río Platense, 1969.

_____________: *Estrategia: La Aproximación Indirecta*. Buenos Aires, Río Platense. 1973.

Memoria sobre las evoluciones de la infantería. Cervera, Oficina de la Real Universidad, 1808.

Millet, Allan: *Military History and the professional officer*. In Marine Corps Gazette 71. April, 1967.

Paret, Peter: Creadores *de la Estrategia Moderna*. Buenos Aires, Círculo Militar, 1976.

_____________: *York and the Era of Prussian Military Reform*. Princeton, University Press, 1966.

Picaud, Sandrine: *La Petite Guerre en el siècle XVIII*. Paris, Económica, 2010.

Porras Pérez, José: *Análisis histórico militar de la batalla de La Victoria de 1902*. Tesis de maestría en Historia de Venezuela. Caracas. UCAB. 2011.

Pulido Ramírez Gonzalo: *De Carabobo al Cerro de la Mona*. Caracas. Edición del autor.2015.

Regan, Geoffrey: *Historia de la Incompetencia Militar*. Barcelona (España), Critica, 1997.

Rothemberg, Gunter: *The Art of Warfare in the Age of Napoleon.* Bloomington, Indiana University Press, 1980.

Schneider, Fernand: *Histoire des Doctrines Militaires.* Paris, PUF, 1964.

Soto Tamayo, Carlos: *Estudio Histórico militar de la Campaña de Carabobo.* Caracas. Ed. Chimaras. 1983.

Tratado de táctica para la infantería ligera publicada por orden de la Regencia de las Españas. Cádiz, Imprenta Tormentaria, 1814.

Villamartin, Francisco: *Nociones del Arte Militar.* Madrid, Imprenta del Ministerio de Guerra, 1989.

Vagts, Alfred: *History of Militarism.* Princeton, Princeton University Press, 1968.

Van Creveld, Martin: *Supplying War.* Cambridge, Cambridge University Press, 1979.

Wanty, Emile: *L'art de l'Antiquité Chinoise Aux Guerres Napoleoniennes.* Belgium, Verviers Marabout Universite, 1967.

WARTWMBURG, Yorck: *Napoleon as a General.* Carlslyle Barracks, US Army War College, 1983.

3. TEXTOS METODOLOGICOS

Austin, John: *¿Cómo se hacen las cosas con palabras?* Buenos Aires, Editorial Sudamericana, 1980.

Carrera Damas, Germán: *El Culto a Bolívar.* Caracas, UCV. 1973.

Castro Leiva, Luis: *Obras de Luis Castro Leiva.* Caracas, Ediciones UCAB y Fundación Polar, 2005-2008.

___________________: *De La Patria boba a la teología bolivariana.* Caracas, Monte Ávila, 1991.

__________________: *Las paradojas de las Revoluciones Americanas.* Barcelona (España), RICS, 1989.

__________________: *Intenciones y efectos de la acción lingüística.* En Video Fórum 9. 2do semestre 1997.

Collingwood, Robin: *Autobiografía,* México, FCE, 1974.

Dunn, John: *The identity of the History of Ideas*, en *Philosophy*, 43. 1968

Falcón, Fernando: *Bicentenario de una guerra: problemas metodológicos y perspectivas de análisis.* Simposio Internacional "Las independencias en la Región Andina" llevado a cabo en la Academia Nacional de la Historia en junio de 2011.

Keegan, John: *El rostro de la Batalla.*, Madrid, Ediciones del Ejército, 1990.

____________: *La máscara del mando.* Madrid. Turner libros. 2015.

Ornstein, Leopoldo: *El Estudio de la Historia Militar: bases para una metodología.* Buenos Aires, Círculo Militar, 1957.

Paret, Peter: *The New Military History.* Parameters, XXXI Fall 1991.

Pérez Tenreiro, Tomás: *La maniobra y la batalla.* Caracas. Negociado de publicaciones del Estado Mayor General.1954

Pocock, John: *El momento Maquiavélico.* Madrid, Tecnos, 2002.

____________: *The state of Art en Virtue, commerce and History.* Cambridge, Cambridge University Press. 1987.

____________: *Political Thought and History: Essays on Theory and Method.* Cambrigde University Press. 2009.

Searle, John: Actos de habla. Madrid. Cátedra. 1994.

Skinner, Quentin: *El giro contextual.* Madrid, Tecnos, 2006.

______________: *Vision of politics: Regarding method.* Cambrigde, Cambrigde University Press, 2002.

Tully, Richard: *Quentin Skinner and his critics.* London, Polity Press, 1990.

Made in the USA
Las Vegas, NV
17 May 2022